给孩子的幸福力 2

付广娟
王晨宇 著
王宏伟

电子工业出版社
Publishing House of Electronics Industry
北京·BEIJING

未经许可，不得以任何方式复制或抄袭本书之部分或全部内容。
版权所有，侵权必究。

图书在版编目（CIP）数据

给孩子的幸福力. 2 / 付广娟，王晨宇，王宏伟著.
—北京：电子工业出版社，2019.9
ISBN 978-7-121-37030-4

Ⅰ. ①给… Ⅱ. ①付… ②王… ③王… Ⅲ. ①家庭教育 Ⅳ. ①G78

中国版本图书馆CIP数据核字（2019）第133435号

责任编辑：潘　炜
印　　刷：天津画中画印刷有限公司
装　　订：天津画中画印刷有限公司
出版发行：电子工业出版社
　　　　　北京市海淀区万寿路173信箱　邮编：100036
开　　本：720×1000　1/16　印张：10.25　字数：240千字
版　　次：2019年9月第1版
印　　次：2019年9月第1次印刷
定　　价：49.00元

凡所购买电子工业出版社图书有缺损问题，请向购买书店调换。若书店售缺，请与本社发行部联系，联系及邮购电话：(010) 88254888，88258888。
质量投诉请发邮件至zlts@phei.com.cn，盗版侵权举报请发邮件至dbqq@phei.com.cn。
本书咨询联系方式：(010) 88254210，influence@phei.com.cn，微信号：yingxianglibook。

目录
Contents

前　　言　**初中的来临** / 1
自　序　1　**我的教育理念：伴生教育** / 3
自　序　2　**可行、落地的教育** / 5

第一章　相互了解的能力是幸福教育的核心力

（一）了解自我 / 14

1. 孩子是让家长成长、让家长再次学习的良药 / 14
2. 家庭教育越早越好 / 14
3. 成功的教育主要来自优秀的品质与习惯 / 14
4. 孩子的习惯与家长有直接关系 / 15

（二）了解孩子 / 16

1. 物质极大丰富，让他们眼花缭乱 / 16
2. 心理极度空虚，让他们标新立异 / 17

（三）了解成长 / 18

1. 家长对叛逆期的认识 / 18
2. 青春期的孩子很正常 / 18
3. 相互理解是解决矛盾最好的办法 / 19
4. 助力青春，让青春更美丽 / 20

（四）了解初中 / 21

1. 出乎意料被直接录取 / 21

2. 出乎意料排名靠后 / 23

3. 平平稳稳签约升高中 / 24

第二章　懂得如何爱是幸福教育的最佳体现

（一）联结力是幸福教育的前提 / 28

1. 了解是相互的 / 28

2. "四家子"之行 / 29

3. 我与11岁儿子的约定 / 29

4. 实践活动 / 30

5. 儿子也是小棉袄 / 30

6. 收获十月 / 31

7. 慢慢长大 / 32

8. 反思是别样的想念 / 32

9. 儿子的叮咛 / 33

10. 生日快乐 / 34

11. 成长中的儿子 / 34

12. 插曲很多 / 35

13. 疯狂的妈妈 / 36

14. 善意的谎言 / 37

15. 幸福人生的十个点儿 / 37

16. 好事多磨 / 37

17. 当懒惰来袭 / 38

18. 儿子的大事 / 38

19. 世界杯是不是来得不太是时候 / 39

20. 慢慢调整，慢慢适应 / 40

21. 付出总会有回报 / 40

22. 小自由 / 41

23. 做优秀的父母其实很难 / 41

24. 回归 / 42

25. 知足·幸福 / 42

26. 享受生活 / 43

（二）思考力是幸福教育的根本 / 45

1. 绝不走寻常路 / 45

2. 错过 / 45

3. 成长让人措手不及 / 46

4. 特殊待遇 / 46

5. 作业的反思 / 47

6. 灰暗的日子：拼搏与奋斗 / 48

7. 我的"时代"到了 / 49

8. 儿子谈学习 / 50

9. 计划 / 50

10. 儿子的大喜大悲 / 51

11. 儿子的偏执 / 51

12. 儿子的小狡猾 / 52

13. 自我认识 / 53

14. 时间都去哪儿了 / 53

15. 儿子的闹心事 / 54

16. 学习应该是这样的 / 54

17. 面对不理想的状态 / 54

18. 民主 / 55

19. 学习要好但不能学呆 / 55

20. 得与失 / 56

（三）接纳力是幸福教育的关键 / 57

1. 最幸福的那一刻 / 57

2. 享受自己在慢慢变老 / 58

3. 你们太不让我省心了 / 58

4. 儿子的逻辑 / 59

5. 小心眼儿 / 59

6. 儿子的调侃 / 59

7. 生活的滋味需要慢慢品 / 60

8. 我与儿子的小尴尬 / 60

（四）心灵感应力是幸福教育的桥梁 / 62

1. 让心放开 / 62

2. 当了一回儿子的学生 / 62

3. 人逢喜事精神爽 / 63

4. 爱是相互的 / 64

5. 距离中考一百天 / 64

6. 母亲是一项事业 / 66

7. 女神 / 67

8. 儿子的箴言 / 68

9. 一次真诚的道歉 / 68

10. 放纵也是一种爱 / 69

11. 今年这个"五一" / 69

12. 和儿子做朋友1 / 70

13. 和儿子做朋友2 / 70

14. 感动 / 71

15. 我和儿子谈及的幸福 / 72

16. 儿子的崇拜 / 72

17. 儿子是暖心的 / 73

18. 回归 / 74

19. 理性的儿子让我有些无奈 / 75

20. 是优点还是缺点 / 75

21. 生活点滴 / 76

22. 小小的震撼 / 76

（五）引导力是幸福教育的核心 / 78

1. 教育的困惑 / 78

2. 第一次 / 78

3. 爱在骨子里 / 79

4. 学会花钱 / 79

5. 知足常乐 / 80

6. 自我批评 / 80

7. 磨蹭怎么办？/ 81

8. 小叛逆 / 82

9. 愉快的周末 / 83

10. 心中的声音 / 83

11. 教育的反思 / 84

12. 感悟 / 85

13. 尴尬 / 85

14. 再心急也要平静 / 86

15. 教育有感 / 87

16. 孩子的幸福人生 / 88

17. 多愁善感的小伙子 / 88

18. 父母是儿子的榜样 / 89

19. 骨子里的小本分 / 91

20. 成长中的儿子 / 91

21. 自信 / 92

（六）提升力是幸福教育的至高境界 / 94

1. 珍爱生命 / 94

2. 儿子的执着 / 94

3. 儿子的幸福生活 / 95

4. 妈妈，我也想考第一 / 96

5. 神一样的存在 / 97

6. 其实坏事完全可以变成好事 / 97

7. 男孩的野性 / 98

8. 大胆的借用 / 99

9. 快乐的愚人节 / 99

10. 爱在心中 / 100

11. 这样才是男孩子 / 101

12. 心存感恩 / 101

13. 儿子昨天15岁 / 102

14. 一身正气 / 103

15. 震惊——感人 / 104

16. 儿子的正直 / 105

17. 点滴生活 / 105

18. 中考趣事 / 106

19. 悲惨世界杯 / 106

20. 人生没有永远的精彩 / 107

21. 男孩需要竞技 / 108

（七）尊重力是幸福教育的保障 / 109

1. 失职的妈妈 / 109

2. 我为我的选择而欣慰 / 110

3. 释放 / 110

4. 榜样的力量 / 111

5. 珍惜孩子的每一次机会吧 / 111

6. 错误是在所难免的 / 113

7. 伤感 / 115

8. 有感于《目送》/ 115

9. 一次不尽人意的对话 / 116

10. 心态很重要 / 118

11. 男孩的坚强 / 118

12. 儿子居然爆粗口 / 119

13. 与儿子的较量 / 120

14. 儿子的惊人之语 / 120

15. 学习其实真的很累 / 121

16. 自主选择 / 122

17. 生命之重 / 122

18. 儿子也有耍赖的时候 / 123

19. 儿子的弱点 / 124

20. "华丽转身" / 125

21. 心有多大，路有多远 / 125

22. 中考倒计时10天 / 126

23. 心好乱 / 127

24. 王晨宇同学初中毕业了 / 127

25. 考前小记 / 128

26. 昨夜无眠 / 128

27. 疲劳中的幸福 / 129

28. 中考小记 / 129

29. 半程已过 / 130

30. 告一段落 / 130

31. 尘埃落定 / 130

32. 忧人之忧，人亦忧其忧；乐人之乐，人亦乐其乐 / 130

33. 男孩子需要成长 / 131

34. 成长的记忆 / 131

35. 心中闪过的那一抹失意 / 132

36. 关于教育 / 133

第三章 听听儿子和父亲怎么说

（一）儿子的反思 / 136

1. 如何调整心态 / 137

2. 如何从学习上提升自己 / 138

3. 如何让自己学着长大 / 139

4. 如何让自己多角度、全方位发展 / 140

5. 父母是我最温暖的港湾 / 141

（二）父亲的反思 / 142

1. 有效陪伴 / 142

2. 挫折教育 / 144

幸福语录/经常和儿子讲的20句话 / 147

幸福后记 / 149

前　言

初中的来临

孩子刚一上初中，许多家长就会给孩子戴上一顶特别大的帽子：叛逆期！这个词，对于家长、对于学生都太过于沉重，让家长与学生有些望而生畏！它真的有这么可怕吗？其实并没有。

叛逆期是什么？简单地说，就是在成长过程中遇到了一些问题，解决得不是很得当，学生与家长出现了观点不一致的情形，如此而已！

为什么大家会谈叛逆期而色变呢？是因为大家都太重视或太过于紧张，把本来可以简单处理的问题变得过于复杂，于是出现了大家不愿得到的结局。

我家儿子在初中三年里，应该说有着小小的叛逆，但我觉得那只是我们之间小小分歧的碰撞。对孩子的教育，需要在时常的反思与品味中找出自己的问题之所在，并且及时去弥补，这样才能少留遗憾。所以我想用自己当时记下的近二百篇日志，把我和孩子之间的交流及解决问题的方法与大家分享！

这近二百篇日志记录了我们生活中的点点滴滴，里面有太多我们之间的故事。有些人，有些事，只有经历了才知道。每个人的人生都没有办法重新来过，孩子的教育机不可失，所以我们必须珍惜现在经历的每一天！

我们总在说：树欲静而风不止，子欲养而亲不待。但还有一种遗憾叫欲教子而时不在。如果我们不珍惜眼前的教育机会，这种遗憾的发生现在就可以预料到，但很多人并不重视，总认为一切还都来得及，总觉得生活中有太多的东西比教育孩子更重要：我们需要去挣钱、去工作、去创业、去实现自己的人生价值……但我们却忽略了一点：孩子的教育其实是一份伟大的事业，是人生价值的重要体现，教育孩子与事业是可以共赢的!

　　幸福是人类行为的终极目的和行为动机的真正本质，幸福力是孩子成长的核心力。

　　每一个家长都期待孩子的幸福，当孩子上了初中之后，我们完全可以让孩子拥有实现幸福的能力，从而去完善自己的人生，并且不断地走向优秀与幸福。

　　初中阶段的幸福力包括相互了解的能力、思考力、学习力、反思力、执行力、联结力、接纳力、沟通力、引导力、提升力、尊重力，等等，这其中的点滴之间都是一个综合的输出和运用。多种能力的整合，足够助力一个幸福家庭的成长。

自序 1

我的教育理念：伴生教育

陪伴有有效陪伴和无效陪伴之分，有些家长提供的其实是无效陪伴。伴生教育不是简单的陪伴，是要对孩子进行有效陪伴。"伴"是陪伴，"生"指的是生命、生活、生长和终生。我们除了对孩子有"养"的责任，还有"育"的责任。

首先是对生命的认知。很多人缺少对生命的认知与体验。缺少了生命的教育，各种不好的现象就会出现。全国每年发生的青少年自杀案例触目惊心，这显现了青少年群体对生命的漠视。我们应该让家长明白生命的可贵，让他们对孩子进行生命的教育，从而使孩子们产生对生命的敬畏和珍爱。

珍爱生命的教育是从孩子出生时开始的，并贯穿成长的始终。不用刻意去做，只要我们能在生活中学会引领：春天的小草，蛰伏一冬后带来春的气息，破土而出，蓬勃向上；墙缝里昂然长出的小草，是不屈的象征；小孩子的水枪下挣扎的小蚂蚁，那是生命的顽强……

当我们倾听大自然里各种生物的声音时，我们要告诉孩子：这是生命。有了生命，生活才会有意义。

其次是对生活的体验。在有关孩子的事务中，家长总想着包办或代替。对于孩子而言，平时除了学习，就是使用各种电子产品，他们没有机会去体会生活的五味杂陈。家长应该让孩子过正常人的生活，让孩子对生活有所感悟，这样他们才能学会生活。

我们不能代替孩子去生活。当今社会，太多的家长让孩子变成了学习的机器，他们逼迫孩子把所有精力用于学习，以求考上理想的大学，但他们忽略了一个问题：孩子有应有的生活吗？孩子会生活吗？如果读过"天才妈妈的忏悔录"，你就会发现：学习好不代表一切，没有生活能力的人注定要被社会所淘汰。

我曾在图书馆见过一对母女，她们很有恒心，每天都会早早地来到图书馆。妈妈用手机看电视剧，孩子则在家长监管下写作业题。这个女孩子是一名高中生，我估计她学习成绩不会好，因为孩子只是在假装学习，明显是在做给妈妈看。妈妈包办了一切，一会儿送水果，一会儿送饼干，一会儿披衣服，和孩子的学习态度对比，这份爱变得好辛酸、好廉价。在这个场景中，孩子就是个单纯的学习机器。我觉得，当孩子变成了一种特定意义的机器的时候，他就失去了应有的生活，也就失去了生存的意义。

第三是对生长的感悟。每一个孩子出生时都是一颗优秀的种子，但我们往往习惯于为他们遮风挡雨。我们希望他们生活得更好，不用经历我们所经历的任何磨难。但没经历过风雨何以见彩虹？没有经过风吹雨打，怎么可能长成参天大树？

成长总是要经历痛。作为父母总是不希望孩子经历成长过程的痛，想方设法代办一切，不想让孩子吃任何的苦。所以，有人说有一种苦叫"父母觉得苦"。我们把孩子放在温室的花盆里照顾，但那颗种子明明是可以在室外长成参天大树的啊！

经历成长的痛的锤炼，才能让花开得更灿烂，才能让树长得更茂盛！

第四是对终生的诠释。陪伴是终生的，即使我们老去，也依然参与着孩子的成长。我们用自己一生的积累去成就我们的孩子。

教育是一辈子的事情，终生引领孩子的家长，才是真正的智慧和陪伴啊！

我们应该用最长情的陪伴，为孩子创造最幸福的环境。在优渥的环境中挖掘孩子的潜在智商、培养孩子的高情商，让孩子生活得健康、阳光、和谐，让孩子自己成就并享受优秀，让孩子去发现和寻求最佳的自我！从家风入手，让孩子的思想得到潜移默化的影响；从家教入手，让孩子的行动得到提纲挈领的引导；从家庭入手，让孩子的"修身"感悟得到升华。这可能就是成功的人生和成功的家庭教育了吧？

自序 2

可行、落地的教育

2015年，我出版了名字为《孩子，你幸福吗？》的家庭教育读物。在这本书中，我通过呈现我和儿子的一百个故事，讲述了在儿子学前和上小学的阶段里，我是如何和儿子相处的？同时，我还陈述了传统家长的做法并作对比，当然书里还有儿子对我的做法的具体体会。很多家长看过之后，都觉得这本书对教育孩子特别实用，尤其是文中我所谈及的伴生教育的理念，让家长们觉得具有一定的指导意义。

当然，也有家长觉得自己的孩子已经定型，觉得自己的教育留下了太多的失败和遗憾。其实，对于教育而言，任何时候发生嬗变都会带来不一样的结局。只要有了可行、落地的教育，孩子的生活和原来就是不一样的。

（一）我一直在用事实说话

可能有人会质疑：你对自己的孩子教育得如何？在此，我可以向大家报告：我的孩子阳光、健康、正直、善良，这是可见的；孩子的学习成绩较好，不一定可以考到北大、清华，但进入名校是没有问题的，这是可预测的。

也有人会说：你摊上了一个好孩子，你本身还是老师，你家的孩子只是一个教育的特例！我特别困惑，为什么我家的孩子就是一个教育的特例？孩子对于每个家庭来说都是一个独立的个体，他也是这个社会上的唯一，就像树上有那么多叶子，但没有两片是相同的，我们的孩子亦是如此。每个孩子的教育都是不可复制的，但有些时候，有的内容是共通的，我们可以有一个总的原则，在原则不变的基础上，针对具体问题可以做出相应的分析。

（二）如何面对学习

在高考制度不变的今天，考试成绩佳天下，以致有些孩子只会闷头学习，一天连句话都不说，这样的孩子的未来令人担忧！可我们又想通过这种相对公平的考试，让孩子有一个改变命运的机会。所以，我们只能逼着孩子去学习，让孩子的人生起点高一些，未来过得好一些。这个道理所有人都能理解。

我们关注的点定位在学习上，生活就变成了现在的样子。每一名学生都会觉得学习是一件苦差事，而家长却不这样认为，矛盾自然就出现了。

自古以来，人们习惯性地把学习说成是一件苦差事："头悬梁，锥刺股""书山有路勤为径，学海无涯苦作舟""十年磨一剑""梅花香自苦寒来"。人们用无数成语和诗句等去形容学习之苦，这说明学习确实是需要付出的。古代读书人的目标很明确，他们的付出是自觉自愿的，所以他们能吃得了苦。而如今很多学生却没有目标，他们学习不知道是为了谁或者为了什么？所以努力的程度也完全不一样。

家长总觉得：不用你担心挣钱的事，不用你担心吃喝拉撒的事，不用你做任何家务，你不就是学习吗？你又是给自己学的，怎么就苦了呢？一方面孩子不想学，一方面家长不理解，这就是矛盾的焦点。

（三）教育的核心定位

家长对孩子的教育定位十分重要。在教育孩子的时候，有些家长内心的定位是这样的：听话就好，学习好就行。

有这样一个男孩子，第一次见面的时候，他的眼神是木讷的，没有激情，更没有灵动……这个孩子天生就是这样？还是智力有点问题？

但了解过后，我们才发现是这个孩子的父母造成了他畸形的性格。

他的父母是同校的教师。妈妈教他物理，爸爸与他班主任老师在同一办公室。用他自己的话来讲："我即使放个屁，我妈和我爸也会马上知道，我怎么可能做一点我想做的事情呢？"因此，老师和家长让做的就是他应该做的，其他的无关紧要。

多么悲惨的故事！听着让我想哭！孩子的眼神告诉我他有太多的不幸与无助！因此我想帮他改变这个局面。

我找到了这个孩子的父母，并试图劝解，但他们坚持自己的想法，他们觉得自己没错，所做的事都是为了孩子好。

我下了猛药："你们再这样下去，孩子的心理会出问题的，他可能就被你们一手毁掉了，这是孩子一辈子的事情啊！"

"不可能，孩子多听话啊，现在哪里还有这样听话的孩子。"

"是啊，你们也是做老师的，听话是衡量一个孩子好与不好的标准吗？"

"那倒也不是。不过，这样听话的孩子多省事啊！"

"省事是省事，可孩子还有未来吗？你们真的想一直这样下去，让孩子这样生活吗？你们现在的做法对孩子是一种摧残啊！"

后来，这两位家长不再干预孩子的生活。孩子慢慢地愿意和别人交流了，在他的眼中，可以看到一丝丝的开心与满足。当高三结束的时候，这个孩子是我们班级里唯一一个去超市里打工且应对自如的学生。他曾经的木讷与沉闷，在其眼中已经荡然无存了。

我不知道这种嬗变对于这个孩子的人生意味着什么，但我知道，如果他像原来那样生活，他将一步步走向封闭与孤独，人生可能不再有色彩。

说实话，和孩子在一起每天都有无数个故事，但无论故事有多少，只要教育的宗旨不变，教育就不会走形。我们不能总用陈腐的观念去教育孩子，社会在发展，孩子成长的环境在变化，我们的生活也日新月异，没有变通的教育注定是失败的。

在第一本书中，我想通过100个故事来传递我的伴生教育理念，这只是我的家庭教育事业的开始。我的理念是经过实践的，我的孩子和我当班主任 20 年间所教育过的上千个孩子就是最好的证明。这个理念会让你与孩子的关系更加融洽，同时又会让你对教育有一个重新的认识，可以在教育中有所借鉴或收获。

（四）关于我的追求

每个人的人生追求不同，以致最终走的路也不尽相同。

我是一名有着 25 年教龄的语文老师，曾被评为吉林省语文学科带头人。我始终觉得，只教学生以知识，离实现"教师是人类灵魂的工程师"这一美誉还有很大距离。这不禁让我想到了当年的鲁迅：鲁迅小时候家境很好，但父亲的病让他不断地徘徊在药铺和当铺之间，他感受到了世态的炎凉，立志要学医来帮助那些治不起病的穷人。但是他在日本仙台学医期间，却在教学课件中看到了这样一个场面：在一个中国人被杀头的现场，竟然有那么多中国人在观看，他们是一群看客，是一群麻木的中国人。他们像鸭一样在看着，这是鲁迅给他们的最恰当的描写。他忽然发现，医治肉体是没有用的，应该医治中国人的灵魂。于是他毅然弃医从文，写下了许多文章，不断地努力以唤醒中国人的灵魂。

去医院看病时，医生曾羡慕地对我说：当老师好啊，不会治死人。我说：医生与老师其实没有什么区别，你们治疗的是肉体，我们治疗的是灵魂，无论哪一样死了，都等同于是在杀人。医生说：哪里？我们是看着治疗无效者死去的，实质上挺吓人的，因为生命真的就在你眼前逝去了。我说：你们可以时刻提醒自己，不能做庸医，你们多幸运！可当教师的我们却很可怕，看到那些灵魂泯灭的时候，教师也是麻木的，他还会继续做一个庸师，害人于无形！这不是更可怕吗？

现在有不少老师和家长，经常抱怨孩子们缺少灵魂、、不懂得担当、不负责任……可这些问题的症结出在哪里呢？

我没有鲁迅的伟大，更没有鲁迅的担当，但我知道作为一名老师应该做些什么或者可以改变什么。我总是相信：星星之火，终会燎原！我可以影响我的学生，我的学生可以影响他的家庭，这种辐射的力量是不可估量的。

我总想：如果我们都不想开始，我们都不开始，那改变现状要从哪一天、哪个人开始呢？我们都想让我们的后代有个好的教育环境，如果我们不去改变，谁还能改变呢？与其抱怨，不如换一种方式，把抱怨转换成努力去改变教育。如果大家都能做到这些，教育的现状是不是早就得以改善了呢？

当班主任的 20 年里，我一直用一份责任、一份担当、一份承诺在做着属于自己的教育事业。我用与众不同的教育理念，让学生们懂得感恩、懂得报效祖国、懂得担当……我的学生遍布世界各地，很多人都成为了行业的佼佼者，这与他们形成良好的人生定位、塑造了优秀的品格有着直接的关系。

我儿子今年 19 岁了，我陪伴了他 19 年。应该说，孩子玩学两相宜，他成长得阳光健康，并懂得感恩，成绩还算是优秀，这样的家庭教育是不是成功呢？周边的人认为我的教育是较成功的。我觉得应该把这份感想与大家分享，把这份教育的理念传递给大家，让更多的孩子和家庭享受到这份教育理念所带来的幸福感。我们总在谈及幸福，但很多人觉得这个词汇太过于奢侈了，这是因为当我们教育之初，就带着太大的私心在做事，导致一些事情的大方向是不对的，自然而然地就会出现偏差。

虽然我没有多么伟大，但我知道，为人父母者的眼界对孩子来说有多重要，父母的站位决定了孩子的人生高度，也决定了家庭的幸福指数。幸福不能独享，所以我想分享出来，让更多的家庭从中得到启发或裨益。

（五）做家庭教育的缘由

当了 20 年的班主任，我发现教育中最重要的问题是家庭教育问题，具体来说就是家长的问题。我在这里绝对没有责备家长们的意思，这是一个时代的问题，是大家的问题，而不是每个个体的问题。现在的家长们最需要的是改变，改变思想和行为，用真正的教育理念来指导自己的教育行为，才能不会让教育走向畸形。

家庭教育在孩子的人生中起到了决定性的作用。真正好的教育应该是"三位一体"的教育：社会、家庭与学校教育的整合。我们改变不了社会，也左右不了学校，我们应该改变能改变的，那就是我们的家庭。家庭教育是每个孩子人生路上必不可少的教育。太多的孩子因为家庭教育的缺失导致了一系列的问题，如为人处世上的不和谐、人格上的扭曲等。家庭教育在教育中的作用不容忽视。

有些家长关心家庭教育，但是不得法；还有些家长根本就不在意家庭教育，觉得教育是学校的事情！如果家庭教育如此重要，为什么还要让学生去学校依靠老师呢？教育孩子哪里用得着那么复杂呢？我们小的时候，哪里有现在这么多的教育观念？我们不是一样长得挺好吗？

我们可能忽略了社会的变化，也忽略了孩子的成长环境的变化。如今时代变了，社会发展了，这固然是好事，但也同样带来了另一面：我们的孩子生活在一个特殊的时代里，我们需要一些好的教育方法和理念来帮助他们更好地成长。

我真切地感受到了太多家长眼中的期待，也看到了太多茫然若失的家长。面对形形色色的家长，我忽然觉得家庭教育是我可以施展的一个舞台。

我当班主任的时候，总感觉在学校每天有60多个孩子需要自己。2014年，我送走了自己最后一届学生。当以后不再有自己的"亲学生"的时候，我忽然出现了很强的失落感。一个做教育的人，失去了自己每天关注的对象，失了自己的学生，就等于是失业。这种失业感让我瞬间迷失了自己。

作为一名女人，我没有什么很"女人"的爱好，我不喜欢逛街和聊天，也不喜欢妆扮和佩饰。金钱和权利对我没有任何的诱惑，难道我是看破了红尘？当然不是。但我总得有自己的位置，我总不能让自己闲着，那样要怎样熬过余生漫长的岁月呢？与其那样混日子，不如找到自己的新位置。

于是，当我到长春交通之声广播96.8参加长春市妇联主办的《家庭教育360》、到吉林资讯广播100.1参加《约会班主任》、到吉林教育广播96.3参加《天天家长会》、到长春新闻广播88.9参加《成长空间》、到长春人民广播99.6参加《金牌家长》等节目与家长直播交流时，我发现这个世界属于我；当我站在台上，从家长讲到班主任，从新教师讲到老教师，从省里讲到市里、县城和村里时，我发现这个舞台属于我；当我在微信平台里发着自己的文章、当我在微信群里讲着微课、当我面对成千上万的家长……我知道了自己的心在哪里，也知道了自己的人生在哪里！

我想把自己从事的家庭教育事业坚持下去。

于是，我想写我的系列书籍的第二本《给孩子的幸福力2：让幸福教育陪孩子走过初中三年》。在这本书里，我借助近200篇日志，讲述了我的儿子初中三年的生活中的点点滴滴，这里面蕴含着我的教育理念。

作为系列书籍，面向小学生及家长的《给孩子的幸福力1：这样教，让孩子身上"长"出幸福》的主题定位是：父母应该做幸福的家长；面向初中生及家长的《给孩子的幸福力2：让幸福教育陪孩子走过初中三年》的主题定位是：父母应该做理性的家长；面向高中生及家长的《给孩子的幸福力3：梦想在高中绽放，清华学霸幸福养成》的主题定位是：父母应该做智慧的家长。

每个人在做父母之前都会有小小的开心，但当面临教育的问题时，烦恼却远远超出了自己的幸福感。那是因为我们从来没有充分的准备，更从来没有想过把父母做成一份事业。如果我们在人生的每个阶段都做了自己应该做的事情，就会拥有不留遗憾的人生和更高指数的幸福。

我写这些家庭教育的书籍，无非是想让更多的家长懂得教育的根源和原理，让更多的人在教育中享受家庭的欢乐，而不是在无尽的烦恼中度过人生本应美好的时光。

教育是一项事业，是应该用心来琢磨的学问，也是回报率最高的付出。

如果从现在开始改变，你将会有一份沉甸甸的收获，那是无价的。教育是随时变化的，在学习与交流的路上，我们都在成长，我们并不孤单！

2017年1月23日

第一章

相互了解的能力是幸福教育的核心力

很多时候，家长和孩子相互不理解对方，所以会出现很多的理念与做法上的冲突，"知己知彼，百战百胜"，这个道理是相通的。

（一）了解自我

看看我们的家长朋友们！

很多父母在忙于自己的事业，闲暇之余想要管孩子，可是不得法，于是在管孩子的过程中就出现了家庭矛盾；有些父母想教育孩子，但只是关注孩子的学习，每天都奔忙在接送孩子或送饭的路上，不但失去了生活，更失去了自我，而当付出与回报不相当时，他们又满是抱怨；有些父母似乎懂一些教育，但还是急功近利地追求着所谓的考试名次……

1. 孩子是让家长成长、让家长再次学习的良药

家庭教育改变的是家长的教育思想，是在提升家长的综合素质，是在为社会谋福祉。作为成年的家长，学习与改变是很难的一件事情，哪怕有利于前途也会使他们犹豫不决。但让他们为了孩子去改变自己还是有可能的，只有孩子才能让他们上心，才能让他们不得不改变。

2. 家庭教育越早越好

总有一些家长会问改变教育方式还来得及吗？其实，不管何时开始总比没有开始要好。在我们犹豫的时候，我们已经错过了太多的机会、失去了太多的时间，而孩子们的人生是没有机会重新来过的。

3. 成功的教育主要来自优秀的品质与习惯

在教育中，我们不能习惯于在物质上娇惯孩子，却忘记了教授中华民族最优秀、最需要传承的美好品质。我们要教会孩子胜利的法宝，或者让孩子拥有立于不

败之地的资本：善良、感恩、诚实、勤劳、刻苦、明事理……

有一次在图书馆，我对面坐着一个大概是高一的女学生，她一直在用语音聊天，说话很大声，一点也不顾及周围人的感受。这个长得似乎是很文雅的孩子，但做的事情却让人没办法理解：周围的人都在看书与学习，她却如在无人之境，向人倾诉着自己的无聊。我对她说：你方便打字吗？她用不太善意的眼光看了我一眼，然后靠向椅背，离我远了些，依然故我地大声聊天。小小的一件事，折射出这个孩子缺乏好品质、好习惯的教育。

4. 孩子的习惯与家长有直接关系

有一回在从北京回来的高铁上，我拍下了让我特别心酸的一幕：一对父女，从上车开始，父亲就开始玩手机，边玩边看着孩子写作业。父亲玩得很入迷，骂孩子骂得也"到位"。孩子拿作业让他看的时候，他只会吹毛求疵："怎么那么笨？这么简单都不会？那你还能写点啥？"孩子有一点溜号，看一眼手机，他就说："别溜号，快点写，就知道磨蹭。"看着这样痴迷于玩手机游戏的父亲，听着他习惯性的恶言恶语，我没有办法想象孩子平时的生活。孩子最多的表情就是皱着眉头，满脸的委屈状。本来一个快乐的旅程，可以让孩子见识到自然的美好，可以让孩子明白旅程给人们带来的愉悦，可这个父亲带给孩子的又是什么呢？如果这个孩子未来成长得很健康、很阳光、很优秀，显然是不合常理的！

我们想让孩子认真学习，可我们给孩子的导向是什么？成年人应该给孩子创造一个优渥的学习环境，如果我们自己没有做好，对自己是"自由主义"，对孩子却很严苛，这样做效果会好吗？

（二）了解孩子

看看我们的孩子们！

1. 物质极大丰富，让他们眼花缭乱

社会飞速发展，带来的变化往往让人措手不及，当孩子们还没有树立正确观念的时候，就开始接触到了形形色色的诱惑，使得他们会无所适从。

孩子升入初中后，他们的思想发生了一定的变化。他们开始关注名牌，开始关注自己的外在形象。他们开始发育并长大，从心理和生理的角度来说，他们已经开始注意到异性的关注。引导孩子不追求名牌、不挑食、学会花钱，让孩子知道生活的不容易，是这段时间内比较基础的引领。

此时，需要寻找一个简单的切入点：

①让孩子树立正确的金钱观

要让孩子明白什么叫作大方抑或是小气？让他们明白有些钱是必须花的，有些钱是一定不能花的，以及怎样花钱才能物有所值？

什么是吝啬？什么是大方？在发生自然灾害时，社会各界人士纷纷奉献自己的爱心。知名演员每演一集电视剧都能赚几万甚至几十万元，他们确实付出了辛苦，但毕竟是收入相对高的人，捐款10万元或20万元，有时可能是几万元，数字不小，却是相对意义上的吝啬；有的人每年赚的钱不过两三万元，而捐款却是几千元，数字不大，却是真正意义上的大方。

有些人往往只看绝对数字，这不是正确的金钱观念。我们应该让孩子知道真正意义上的大方与吝啬；让孩子明白生活的不容易，让孩子明白不能永远依靠父母；让孩子明白感恩，懂得"反哺"。

②引领孩子树立正确的人生观、价值观与世界观

初中阶段正是孩子的人生观、价值观和世界观逐渐形成的时期，家长的引领至关重要。一个真正意义上的"好孩子"应该胸怀家国、心怀天下。立大志，才能让

孩子走出小家、想到大家，才能让孩子真正站得高、看得远，才能让孩子的人生之路走得更长远。

家长应该引领孩子树立正确的人生观、价值观、世界观，让孩子有明确的理想信念或人生追求。当一个人在精神上有信仰的时候，做事就会有目标和标准，就不会盲目地生活，生活就会有内在的源动力。

2. 心理极度空虚，让他们标新立异

青春期是初中生必然要经历的阶段。他们的心理和生理上的变化在这一阶段是最大的，很多孩子都出现了第二性征，尤其是女孩子的各种变化可能会给她们的心理带来很多的不适应，这就更需要父母对孩子的细心关注。

我们发现在孩子的成长中，心理出现问题的可能性是特别大的。很多时候，他们身边缺少真正的倾听者、引领者，没有倾诉的对象或没有发泄的途径，只能压抑自己。一旦孩子遇到麻烦而做出一些出格举动时，家长不理解，同时也不能给出及时正确的引导，孩子们就只能让眼泪留在心里。正如刘德华的歌里唱的：男人哭吧哭吧不是罪！但我们的孩子去哪里哭？怎么哭？于是这份郁闷会长期积压在他们心头。

每次考试过后都会有学生来找我："老师，想借你的肩膀用用，好不好？"于是一把鼻涕一把泪地靠在我的肩膀上释放压力，这是聪明的孩子。如果没有这样亲近或信任的关系，他们肯这样吗？一旦他们没有宣泄对象，他们的心理就会扭曲，要么"破罐子破摔"不再求上进，要么以不正常形式表现自我，他们可能会去参与打架斗殴、严重违犯纪律等，也可能会表现出和年龄、性别不相合的一些举动。当家长看到的时候，坏事已经发生了。而事情发生的原因和经过，一些家长不但不去分析，反而一味地指责孩子，结果必然是双方的关系恶化。

初中阶段的孩子是最需要家长的理解和包容的，现实却往往相反。

成年人要改变已成型的思维与行为习惯很难，但作为家长，一定要改变旧有的观念，要理解孩子，从心理上接受孩子的一切，对孩子的心理进行及时有效的疏导。实际上，孩子想了好多天都没有想明白的事，家长的几句话可能就解决了，所以家长一定要细心关注、及时引导他们，把很多可能发生的问题尽可能消弭在萌芽中。

（三）了解成长

好多家长对于孩子升入初中后往往感到十分紧张，因为孩子到了这个阶段就会出现叛逆期，但其实并非如此。初中阶段的青少年们普遍进入了生理、心理加速发育的青春期，青春期的表现除了生理上的变化外，很多心理和性格变化也愈发明显，比如孩子从外向到内向、从自信到消极等等。很多孩子在家长眼中会变得"不听话"了，这些表现也是正常的。

1. 家长对叛逆期的认识

很多家长对叛逆期不理解，总觉得当年处于青春期的自己也没有什么叛逆期啊！同时他们还有些害怕，他们听到别人家的孩子出现各种问题就觉得在自己家孩子身上也会发生，其实大可不必这样。

所有出现的现象一定事出有因。现在的孩子娇宠性强、独立性差，无论心理上还是生理上的突兀的变化，都会让他们感觉到很难接受，所以会出现各种各样的特殊行为。在父母看来，孩子在青春期情绪波动大、行为多变就是不正常的。在成长过程中，这些现象会出现在一大批孩子的身上其实是正常的。父母应该尝试着接受与改变自身，才能让孩子们在大环境中舒心地成长。否则，我们就变成了拿着大斧头的园丁，把孩子砍斫得支离破碎，他们哪里还能够长成参天大树呢？

家长纠正了对青春期的错误认识，并且帮助孩子们克服不必要的恐惧，许多问题就迎刃而解了。

2. 青春期的孩子很正常

上了初中之后，孩子的心理和生理发生变化是正常的。面对突如其来的变化，孩子们是需要适应的，只要他们的情绪没有宣泄和倾诉的对象，他们就会转向父母。父母应该理解这个时期孩子的状态，不妨成为孩子的情绪垃圾桶。但有些父母总觉得家长就应该是家长，应该有自己的威严，怎么可以放下身段与孩子打成一片呢？于是一场场战争就这样爆发了。

进入青春期的孩子明显长大了，有些孩子可能因此变得爱美了，或者出现一些与以前不太一样的表现。我们应该正视孩子的成长与变化，按照大孩子的标准来看待和接受孩子的成熟，并赞美孩子的长大。

在孩子的青春期出现的家庭矛盾不能只归咎一方。试想一想，家庭产生矛盾的原因真的都在孩子身上吗？孩子身上的原因肯定是有的，但古话说：一个巴掌拍不响。我们家长就完全占理吗？

我经常问一些家长：你和孩子争执的目的是什么？是为了拼个你死我活吗？还是一定要弄出个输赢，让孩子知道要服从我？抑或是想让自己的孩子成长得更好？我想，冷静下来之后，你的答案一定是最后一个，这是每个家长都不会犹豫的一个选项，但我们的做法却一直在向着"不是东风压倒西风、就是西风压倒东风"的方向在"努力"。

其实矛盾出现的根本原因就是家长和孩子之间没有相互理解，如果双方都可以换位思考，一切都会好的。

3. 相互理解是解决矛盾最好的办法

我觉得家长思考问题的角度可以转换一下，这样的话，孩子和你的关系就会发生很大改善，他们不再会和你有敌意。至少，他们会觉得你们不是站在他们的对立面上。

让我们试想一下，家长在很多时候都是被动地与孩子交流，平时很少主动倾听孩子的心声，直到有一天，孩子发生了很严重的问题，你才发现，你对孩子什么都不了解。孩子的心里在想什么，孩子可能会做什么，孩子会发生什么问题……这些在你的心里都没有预期。你一直以为孩子什么都挺好的。可你对孩子了解多少？你知道他现在的苦恼吗？你知道他现在的困惑吗？可能有的家长会说，不就是学习吗？哪里来的苦恼和困惑？

我们每一个人都是社会的人，怎么可能脱离社会？既然生活在这个社会，我们就一定会遇到各种问题，孩子们也是这样，而且他们还不具备独自解决问题的能力。他们会有很多困惑和烦恼，而我们不但不去倾听，反而还将孩子推向另一个方向。如果孩子在家长这里求助无果，可能会找好朋友倾诉。如果找不到同性，他们便会找异性吐露心声，有时就会发展成为所谓的早恋。还有一种可能性，孩子会把事情放在心里，然后在行为上产生一些过激的举动，产生校园暴力，甚至是更严重的程度，这些都是他们的情绪没有办法释放的系列表现。

严重的是，还有一部分孩子会出现心理问题，甚至出现心理疾病，这是不合格的家长造成的恶果。有些时候，我们的一点关心就能让孩子从深渊中走出来。既然我们为人父母，就有责任和义务去帮助我们的孩子。

我们能做的事情有很多。每个人都有情感方面的需求，成年人不也是一样吗？只不过渠道、方法不同而已。给予及时的关注，孩子身上的问题会少一些，至少会减小。如果父母真的能做到这一点，很多孩子不至于走太多的弯路，这不也是所有父母共同期待的吗？

4. 助力青春，让青春更美丽

所谓叛逆，亦是青春期的表现。在孩子们叛逆的日子里，我们陪同他们去经历，这是人生中美好的一段历程。叛逆又何尝不是一种激情？人生有激情才够多彩，人生有激情才活得有意义。如果孩子只知道听话，做乖乖女、乖乖仔，也就是我们所说的"省心"，那他们的生活不是太平淡了吗？他们的记忆中有和父母一起争论和交流的日子吗？他们的人生记忆中会有父母积极的身影吗？与孩子一起战斗的日子将是我们人生中宝贵的财富，这是别人没有办法替代或得到的，而大多数父母都在无形中失去了获得这笔财富的机会。

人生几十载，最美好的时光莫过于青春，我们应该让孩子拥有美好的青春时光。无论他经历什么，我们都会与他一起去面对，这是无法形容的幸福。

共同的经历会让我们和孩子相互珍惜、相互体谅、相互理解、相互关爱。教育本无定法，教育的每份成果与辉煌都应该是我们与孩子一起实现的，这一切都将成为一道道无比美丽的风景！

助力青春，人生会更加绚烂辉煌！

（四）了解初中

初中时期是一个让很多家长措手不及的阶段，孩子的成长在这个阶段往往是在不经意间的。太多的家长还没有做好思想准备，好多事情就发生了。太多的家长还没有来得及去想，孩子就一下子从小豆包变成了一个要和你平起平坐的人了。

如果孩子的小学教育缺失了很多，那在初中阶段还来得及补救。孩子的成长就像小树苗一样，树种下了，生根发芽，至于能不能长成参天大树，那就要看作为园丁的我们的付出了。只有从思想上改变自己，行动才能走向正轨，我们的指导才能真正到位。

在很多家长的心目当中，孩子上了初中就应该能够适应初中的生活，不用进行指导，也不用有什么变化。但他们却忽略了，这是孩子人生中第一次大的转变与选择，这是很重要的。因为学生在初中形成的学习习惯会关系到之后初中升高中和高中升大学的选择。一个好的开始，是让孩子成就优秀的起点。

这段时间里，我们对孩子的关注应该加码，但加码的意思不是给孩子过重的负担，而是在孩子的成长过程中助力，进行全方位的指导。因为这段时间是孩子成长的黄金期，他们的世界观、人生观和价值观，包括他们的思维方式都没有完全形成，仍处于特别容易接受改变的时期，所以这段时期的引领至关重要。

这段时期的关注应该从有形化为无形，孩子在这个容易叛逆的时期里成熟与长大，过多的关注可能会让他们很反感。无论是从物质上还是精神上，他们都会出现不同的需求变化。

我儿子的初中时光就是一个跌宕起伏的长篇故事，作为妈妈的我一直生活在一种不平静之中。好多人都很羡慕我，觉得我好像什么心都没操，孩子还那么优秀。但他们看到的仅仅是表象。那三年，真的让我难忘，回忆起来也是满满的幸福，一切仿佛历历在目。

1. 出乎意料被直接录取

小学五年级时，我儿子就参加过无数次不知名的竞赛或考试，一些是根本就不知道谁主办的考试，也不知道考试目的是什么。上奥数课的地方经常会有人拿着卷子来组织考试,考完也不知道成绩,什么都不知道。这就是教育的怪现状。

我真的很佩服这些执着于招到好学生的学校,他们的老师在做的工作不是招生,而是"特工"。

有一天,我突然接到了一个陌生电话,最开始还怀疑是恐吓电话。

"你是王晨宇的妈妈吗?""我是。""你现在来某宾馆一趟,开个会。""为什么?""不能说,来了就知道了。"太吓人了。我急忙打电话给儿子,问清楚儿子在哪,然后又打电话给老公,让他一起去。不去,这和孩子有关,去吧,自己真有点害怕。

我们被带到了一个宾馆的会议室,不让使用手机。一个招生办的人介绍了自己,他表明在座家长的孩子是某附中相中的孩子,然后说了一系列的想法。这时,我才明白,是儿子的考试成绩被他们拿到手了,这批成绩好的孩子是他们选出来的一定要招到的学生。

我和老公其实是不想让孩子去这所闻名的附中的,原因很简单,一直听说这个中学的作业太多、学生太累。我想让儿子快乐,给了儿子一个幸福快乐的童年,一个真正属于孩子的童年!我不希望孩子在一个天天只知道学习的地方生活三年,变成学习的机器。一个人总要有自己的生活,可能这样的三年会让他收获好的成绩,但对于孩子的成长是不是有利呢?

招生老师口若悬河地讲着,为每一名家长洗脑。在场有一个其貌不扬的老太太,说话也不标准、不够清晰。这是这所中学的校长,她管理这个学校几十年,将这个学校发展成一个年级就有三十五、六个班,一个年级的人数就相当于其他学校总人数的学校。以前听说这个传奇般的老太太,今天我终于见到了她的庐山真面目。

这些老师们一直在讲某学校的缺点以及自己学校的优势,声称某学校十分不人性、非常差劲……这种宣传方式让我震惊,这种恶意的竞争态度如果传递给孩子,孩子在未来的社会中会怎么做?我作为一名一线的教育工作者,连想都不敢想,这些人居然堂而皇之、大张旗鼓地讲着这些贬低别人且拔高自己的话。然后,这所学校的某负责人说:这一批100多个孩子里边,有不交费的,有交一半费用的,还有全交的。我和老公为自己找了个理由:如果让我们交钱,哪怕交一分钱也不去。不是我们差钱,是觉得本就不想去。

后来,电话又打来了,说是这批选中的孩子中只有二三十个免费的,儿子在其中。面临着这种重大的抉择,我们怎么办?

"不花钱找你去,还不去,是不是有点太过分了?"这所闻名的附属初中是多少家长梦寐以求让孩子读书的地方,难道我们就这样放弃了?我们夫妻两个有点迷惘了。而且从决定进入该学校的那一刻开始，儿子就可以免费听学校里最好的老师在周末讲授的课。儿子就这样直接上初中了？

先试试吧！儿子去听了几节课。儿子兴奋地对我不止一次地说："妈妈，老师讲得真好，我喜欢听。"看到儿子这样，我没有再说什么。于是，儿子就在小学五年级的时候决定去这所附中小班上学了。可那一年，不知道是好事还是坏事，小班被人举报了。于是儿子没有去小班，除了周末附中的老师的课，平时还得在小学上六年级的课程。我当时很开心，因为我不喜欢拔苗助长。这一年儿子很轻松，没有额外学习什么。儿子玩得开心了，上初中后也为此付出了代价。

2. 出乎意料排名靠后

人生总是有得有失，在起起伏伏中变动。儿子小学最后一年什么都没提前学，可你太难想象小班的其他孩子是怎样的一群孩子。他们都是专业性很强的补课队伍的主力听课者，每天以打鸡血的状态在补课，把初中三年的教材都学了，有的学生学了不止一遍。我从来没想过让孩子亦如此这般。我不相信如此天天补课的孩子在未来就会成为出类拔萃的人物。当不能再"提前"的那天，他们的独立思维还在吗？他们还有创造力和潜力吗？我无从知晓。

儿子上初中后，也面临着很严峻的问题。

儿子的学习生活没有想象中的那样严酷，与兄弟学校的作业量也差不多。儿子喜欢参与校园内的各种活动，有时帮老师上个分，有时主持个节目，有时又准备唱个歌，可谓有声有色、有滋有味。儿子很快就适应了。

但对儿子第一次大的打击马上就来了。

初中的第一次考试，儿子的成绩居于班级的30多名，这在他上学的过程中是从来没有过的。我从来不主张儿子一定要考第一，但他过往的成绩一向排在前几名。怎么出现了这么大的反差呢？

事实摆在了我的面前：因为孩子没提前学过，成绩就是不如人家！

儿子的成绩其实和前面的名次没差几分，看到儿子的问题之后，我没太当回事，儿子也没太重视。可能是因为这样的态度，导致这种情况出现了三次。这下子，我和儿子都有些沉不住气了，怎么办？

我依旧是鼓励儿子。我试探性地问儿子："儿子，要不咱们也去补课吧？妈妈让你补课不是为了补课，是补一下你的自信心，妈妈感觉你现在有些信心不足呢。""没事，妈妈，我不补课。""那我们也得想个办法解决一下，你说是不是？""你让我好好想想。"儿子想了一会儿，说："这样吧，马上放假了，你陪我去把下学期的书和练习册都买来，我自学。我先做一遍，我想这些问题应该是可以解决的。"看着儿子自信的眼神，我选择支持儿子。因为我了解儿子的自学能力，他学钢琴的时候一直没有找陪练，无论再难的曲子，都是自己在那里认认真真地抠细节，从没放弃过。后来我在钢琴老师那里了解到，曲子是相当难的，很少有孩子能像儿子晨宇这样。这说明，他的自学能力是相当强的。

于是，我们直接就去了书城，买回了儿子需要的书和练习册。

我们制定了详细的计划，儿子按照计划认真地去做了。这个假期，我们仍然没有忽略掉玩耍。儿子在家学习很自主，他有自己的时间和自由，学得很开心。在第二个学期的考试中，儿子的成绩在班级可以考进十多名了。但是，我在儿子的脸上却看不到满意。

怎么办？我又一次提起了补课的话题。"不补，妈妈，没事的，我心里有数。""妈妈相信你，当进入总复习阶段时，你们大家站在同一起跑线上的时候，那时将会是你的天下。""我知道的，妈妈。"

通过每次假期这样的预习，儿子的成绩逐渐回归。在儿子可爱的脸上，我慢慢地看到了原有的动人的色彩。

到了初三上学期，儿子一次考试成绩排到了班级前几名。那天留给我的印象太深了！

那天放学，儿子上了车后，神情和平时大不一样，可以感觉出心情是很不平静的。

"考得怎么样？成绩出来了吗？"

"妈妈，我这口气终于喘出来了，压了我两年多啦，太累了，太沉了！"儿子流泪了，我也流泪了。

那一刻，我知道，儿子释放出了自己的压力。他一直在找自己的位置，他用自己独有的方式，用两年的时间回归到了自己认同的位置。

儿子完全恢复了原来的自信。这两年来，其实我的压力并不比他小，尽管我的心里一直在默默地关注着，可我一点都没有表现出来，不想给孩子带来太多的压力。

3. 平平稳稳签约升高中

在上初三之前，孩子又面临一次人生的选择。吉大附属高中在他们这届学生中招小班，就是提前一年上高中。我纠结了很长时间，觉得孩子总得有一些大考的经历。每一次大考都会让孩子走向成熟。这一点恰如婴儿的第一声啼哭，有些婴儿是顺产的，他们经历过一个挤压的过程，来到这个世界的过程也凭自己努力的！有些婴儿则是剖腹生产的，少经历了母体分娩的挤压，不免是人生的小小缺憾。

　　我总在想：每个生命的成长都不能过于着急，应该在该做什么的时候去做什么。我不喜欢拔苗助长，所以还是选择了让孩子参加中考。初中部有30多人上了高中小班，我们没有。我觉得，孩子的人生不能断档，总得有着这样的一种压力，才能让孩子在未来遇到困难时具有一份坚韧。

　　初三的时候，儿子很努力。他一直坚持自己的原则，上课高效地听课，不走神写作业。尽管课后作业多，我们的选择是宁可写不完作业，也不能不听课。因为儿子的优势就在课堂，他只要听课了，听到的内容就大都能掌握，如果只靠做题的话，会有很多的知识盲点。

　　初三这一年，儿子的心情较好，成绩也一直不错。所以很早的时候，老师就和我们签约上吉大附属的高中，但我从来没和儿子透露一句。我知道，孩子的成长需要压力。尽管应该适当地减轻压力，但不能没有压力。我告诉儿子签约的事情的时候，已经是中考的时候了。儿子没说什么，他理解妈妈的用心。

　　儿子中考考了590分（满分600分），顺利地进入吉大附属高中，也分到了吉大附属高中最好的班级，即现在的三班。这意味着新的一轮战斗开始了。

第二章

懂得如何爱是幸福教育的最佳体现

我们应该对孩子进行爱的教育。只有学会爱，才能学会理性地对待别人、对待生活，才能收获幸福的人生。

在儿子成长的环境里，我从没有过长篇大论的唠叨，也没有过鞭辟入里的言论，更没有连篇累牍的讲解，我只是在生活中与孩子一起成长，并一起分享快乐与痛苦、开心与不开心。

后面所记录的每一篇日志，写的都是一件事情、一个经历、一种情感等。通过这些日志，我们可以从学习、生活、情感和沟通等不同的纬度，回首和透析一个孩子初中三年的成长。在这里，或许有你想寻找的最真的足迹。

（一）联结力是幸福教育的前提

人与人之间不是独立的个体，特别是我们和孩子之间，有着亲密稳定关系的我们应该让这种关系的黏合度加大，进而形成联结力。这样我们才能一边付出爱，一边让爱落地。

在生活上，我们应该关注孩子各个方面的问题与成长。我们需要关注孩子生活的点点滴滴，但又不能过多干涉其生活。这就是一种爱的理性，是一种需要的度，也是有效教育和有效沟通的前提。

生活丰富多彩，生活五味杂陈，需要去品、去想、去感受、去传递、去释放，更需要每时每刻的联结。

1. 了解是相互的

2010年4月12日。

今年的天气好像是地球发怒了一样，让我们不禁感叹风云变幻之莫测：4月12日，天气居然是雨夹雪！

快下班时，看到外面在雨雪中瑟瑟发抖的路人，我忽然觉得我这个妈当得不太合格，心里一直装着的似乎都是学校与学生。于是我请了一会儿假，开车去接儿子。

儿子高高兴兴地出来了，见到我居然没有一丝惊讶。

"妈妈来接你，你没感到惊喜吗？"

"没有，因为天气不好，我想你一定会想办法来接我的。"看到儿子信任的小表情，我知道这就是幸福！其实，幸福真的很容易体会到，只要我们对爱有相似的感受与理解！

2. "四家子"之行

2010年5月24日。

"儿行千里母担忧"，儿子离开了我的视线，我似乎就难以接受。昨天晚上，我失眠了。

儿子在我身边十一年整，即便是去农村老家，也都有爷爷奶奶在他身边。对于他来讲，今天是第一次没有亲人陪伴。儿子自己即将独立生活一周，这也是儿子第一次这样让我放手。

"什么都可以丢，丢什么都不要上火，只要自己安安全全回来！"这是儿子每次独立做事时，我一定要给他的话。

"当然，最好小心些，别把东西弄丢了。"

"一定不能脱离组织，一定跟住老师。"

"有事一定找老师……"

担心、惦记……说不清楚是什么心情。总而言之，就是什么也干不下去，什么也不想干，总是想着各种叮嘱，担心儿子没有亲人陪护会不习惯。

有时候，我甚至在想：将来儿子真的出国留学了，我怎么办？

每次提到教育孩子的时候，我都可以侃侃而谈。局外人好当，可人在局中要保持理性实在是太难了，但理性还是应该战胜感性的。

3. 我与11岁儿子的约定

2010年5月24日。

关心则乱。做教育的我清楚地知道自己不应该这样担心孩子，毕竟是集体活动，毕竟是11岁的男孩子，但我就是放心不下。于是我和儿子约定：儿子随时报告自己的行程，让妈妈放心！

2010年5月24日 8点41分

妈妈我上车啦。回复：收到，注意安全。

2010年5月24日 8点56分

收到，明白。

（有点像特殊时期联系的暗号。）

2010年5月24日　10点36分

妈我到九台高速公路收费站了。

2010年5月24日　11点27分

我到了。好远啊！

看到了儿子的细心，知道了儿子的惦记，内心既期待又思念，母子连心啊！但我知道，我一定要学会放手，学会让孩子自己飞翔。

4. 实践活动

2010年10月11日。

儿子又一次去九台了。说是军训，其实我看了他们的安排，无非就是一些社会实践活动。这已经是儿子第二次离开我了，可我没想到的是我对儿子的那份牵挂，似乎超出了上一次。

不知道是不是由于自己太过于脆弱，或者是自己太在乎儿子，面对儿子不在家的这一周，我觉得很无聊，无所事事。我有一种内心被抽空了的感觉，落差好大。

09：05　我出发了，刚上车。

11：16　到九台收费站了。

12：07　到了。

儿子的短信一条条地来了，他知道我惦记着他。有这样一个懂我的儿子，我觉得生活踏实了好多。

昨天给儿子准备吃的东西的时候，他挠了挠自己的小脑瓜说："妈妈，其实每次花钱买吃的时，我都觉得特别的对不住你们，我觉得应该自己挣钱买吃的才对。"

"那不用你考虑，现在妈妈就应该给你买吃的，等你长大了，妈妈才不给你买呢。""可我还是觉得不应该买太多，太浪费了，我觉得太对不起你们了。"看到儿子善解人意明事理的样子，我知足又享受，人生夫复何求！

5. 儿子也是小棉袄

2010年10月13日。

昨天晚上，给儿子打电话，他没接。

心里很惦记！天太冷了。

儿子回电话了，我感觉到儿子的声音不对，尽管变化很小。

"你感冒了？""有点儿，不过没事，只是流鼻涕，还有点咳嗽。""你吃药了吗？老师知道吗？难受吗？"一时间，我的大脑一片空白，语言也十分混乱。这种无助、无力的感觉，好像只有面对儿子的事情时，我才会有，我乱了方寸。

儿子独自在外，这是第二次。尤其是在这样的季节、这样的天气下，尽管我知道对儿子是个锻炼，可我还是放心不下啊。

"没事，妈妈，我中午的时候就吃药了，我还提醒我们同寝室的人把感冒药吃了！"我意识到儿子长大了，更"成熟"了，最可贵的是学会了关心别人。"我穿了所有的衣服睡觉，还是冷。"在母亲面前，孩子永远都是孩子。

"那就喝点热水，然后捂上被子好好睡吧！"

"好的，明天我再给你打电话吧。"

今天早上，我迫不及待地打开手机，儿子的短信已经过来了：我好多了，没事了。晚上给你打电话。时间是2010年10月13日早晨5点52分。

儿子知道，他不报平安，我断然不会放心的。

儿子就是我贴身的小棉袄。

6. 收获十月

2010年10月14日。

我很无奈。

儿子去实践基地的第二天就感冒了。我只给儿子带上了消炎药，而没有带发烧药和止咳药。我不称职啊！

昨天晚上，儿子打电话的时候，我的心好痛。

我只能让儿子去找老师，儿子说老师应该在宾馆。我让儿子去宾馆找老师。10月份的晚上八点多，儿子还在生病，我居然让他自己花时间走着去宾馆，我不知道这对于儿子是个什么概念……

"妈妈，我没事，老师让我吃了一粒药，我还可以挺着。"

泪水无声地在我眼际滑落……

"儿子，明天早上给妈妈打电话，如果感觉特别难受，妈妈就去接你。"当我说这些话时，我控制不住地哭了，儿子的冷暖紧紧地揪扯着我的心。

今天早上，我5点40分就醒了，等待着5点55分的到来，儿子说这个点可以接电话的。

听到儿子的声音，我感觉到他的咳嗽没有那么重了。"妈妈，我没事，我能坚持，明天我就回去了。"

"儿子，多喝点水，按时吃消炎药。"

"我知道，妈妈，我还可以含点含片。"

"跑的时候，玩的时候，乐的时候，千万别含在嘴里，容易卡到的。"

"我知道，妈妈。晚上我再打电话吧，我还没洗漱呢。"

我感觉到儿子真的长大了，比我以前认知的要坚强许多。经历困难，玉妆于成，儿子在我心中高大了许多。

真的感谢这次经历，让我深深地感受到了儿子的成长。在这次经历中，我也有收获，我也需要持续成长。

经历过这一次，我想儿子就可以独自面对很多事了。经历是一种财富，经历也是一种成长，珍惜每一种经历，善于从中汲取养分。

7. 慢慢长大

2011年8月31日。

儿子去军训了，时间是十天，地点在炮团，不允许家长去看，也不允许孩子带手机。

以前的活动孩子能带手机，可以发短信，但这次居然不让带。在孩子需要养成守纪律的习惯的时候，这对我却是一个新的挑战。

我偷偷抹泪几次了，我这是没出息吗？

昨晚还是抑制不住给儿子的班主任刘老师打电话，他说儿子星期一晚上应该是感冒了，但是他吃了自带的感冒药，好多了。我却更担心了。

听到刘老师说："别和孩子讲话了，要不孩子更受不了了。"我的眼泪迷漓了。

儿子军训前曾对我讲：儿行千米，你就这样惦记，那我真要行千里，你可怎么办啊？

我如果不是一名老师，是不是就可以随便去看孩子了。我更恨自己的那份所谓的尊严，然后都化作了对儿子的惦记。

我真的很恨自己！

母爱是一种巨大的火焰（罗曼罗兰），我想儿子，无以言表。

8. 反思是别样的想念

2011年9月2日。

换一种思维，换一种方式，我还在想儿子。

心里的这份惦记让我觉得自己应该反思一下。

成长总是伴随着付出。以前很难理解"当局者迷"这个词，觉得自己作为语文老师很懂的，可现在终于明白了，原来当我们身处其中的时候，每个人都有自己难以走出和难以割舍的东西，自然就不可能十分理智。今天已是儿子军训的第七天了，我也慢慢地接受了。反过来，觉得自己刚开始的反应太不应该了，于情可以理解，于理是说不通的。

母亲对儿子的这份情感，真的是很多人难过的一关。现在想来，自己的这种想念何尝不是一种收获？

如果我驱车去看了孩子，就等于害了孩子。别人家的孩子不是也一样在军营吗？按自己的教育方法，应该是觉得别人家孩子能受得了的，自己的孩子也应该受得了才对。

让儿子成长，这是母亲应该做的，承受一点难过也是应该的，这本是迟早的事啊！

学会接受一切，自己也是一种成长！

原来对儿子的想念也可以换成这样一种方式！

儿子，妈妈爱你！太想你了！但妈妈一定行的！你一定更行！

暖心帖

几次分别，是家长经历成长与思想转变的过程。每个家庭都会有这样的孩子离家的经历，共同的成长才是爱的传递与爱的力量的彰显。

9. 儿子的叮咛

2011年10月22日。

在儿子十二岁、我三十八岁的时候，儿子的话给了我一个惊喜。

那天开家长会，时间十分紧张，儿子一直在为班级服务，所以要和我一起回来。儿子需要上吹笛课，我还要回学校上课，时间十分紧张，我开车的速度明显加快了。

儿子不再玩了，他认真地看着方向。可天不凑巧，这时突然下起了雨，而且越下越大。眼看就要到儿子上课的地方了，可雨不见停，我就打算把车开到上课的地方门口。儿子说："别上去了，那样就更耽误时间了。""没事。"我直接开到了门口。儿子下车后，不忘回头告诉我："慢点开啊，注意安全！"当车调头之后，儿子还在外面叮嘱："你慢点，一定要注意安全！"

那一刻我忽然觉得好开心，一路上心在飞扬。儿子的叮咛，沁人心脾，幸福满满地向我涌来！

10. 生日快乐

2012年5月6日。

儿子上初中了！对于儿子的生日，我们夫妻都是很重视的。

祝福儿子，你现在是一名初中生了。在你的人生之海里，一段新的航程扬帆了。

每个人一生中都会千回百折，但无论怎样，我们都应该用积极的状态迎接挑战。正因为我们在长大，更应明白自己要做什么。

加油，宝贝，男儿当自强，难且益坚，不坠青云之志！

11. 成长中的儿子

2012年9月26日早晨，儿子的短信涌入我的眼。

2012年9月25日晚上11：51：37

上车了，我的手机没信号，这是同学的手机，一会开车再给你发。

晚11：57：37

火车走了，晚安。

2012年9月26日

09：37：29

火车进站了。

10：06：19

上大巴车了。

10：18：29

京B04642。

10：22：26

十一点开营。

2：01：12

我们刚从科技馆出来，现在在去吃饭的路上。

5：54：14

出圆明园了，正在去吃晚饭的路上。

晚上 9：36

用同屋的人的手机打了电话，因为我的手机出了点问题，打不出来了。

这是儿子一天的行程，一切都报告给我知道。他知道我的挂牵，他更明白怎样慰籍我的心情。

看到了儿子的成长，我痛并幸福着。

儿子去北京参加社会实践，第一次离开我这么远。我是昨天送他出发的。儿子太了解我了，他知道我的心情，怕我担心，站在队中的时候，努力地不看向我，在进站的时候又用力地挥着手告别。看着长成了大小伙子的儿子，我惊觉离儿子上大学的日子又近了。他快独立了。

我能够感觉到，儿子在迅速地长大。记得暑假前，我可以扶着儿子的肩膀，有一种想呵护儿子的感觉，可忽然间，我变成了三个人中间最矮的一个，变成了最需要呵护的一个人。

现在儿子经常说：妈妈，家里有两个男人在，你就放心吧。我在享受这份幸福的同时，也感觉到了时光的流逝和无奈。

暖心帖

作为母亲，思念过去体现了对孩子的关爱。但在某种程度上，母亲对孩子关注过多，就会牵制孩子太多。我们要理性看待孩子的成长。

12. 插曲很多

2014 年 3 月 3 日。

中午来了一个电话，打乱了我家平静的生活。

儿子一直都是搭邻居家的车上学，邻居家的小孩学习有点跟不上，所以要出去进行一对一补课，不上学了。从小学到初中，儿子上学一直有现成的车接送，我都觉得儿子太幸福了！突然的变动让我们有些措手不及，怎么办？打车？还是自己送？自己送来得及吗？这些年一直没有的问题居然在儿子中考前 100 天左右时出现了。

下午 1 点钟左右我们又接到一个电话，让我们给吉大附属高中的一位石泽辉老师打电话，会有惊喜出现。我想到应该是要签约了。于是我们三个人开始了对师大和吉大的两所附属高中相关情况的比较分析，最后也没有定论。

人生总是在选择，但做选择太难了。我们怕影响了儿子，但有时是必须要选的。

儿子下午就有点不安心了："妈妈，我想玩会儿游戏，行吗？"

"行啊，可你的错题整理完了吗？"

"嘻嘻，没有呢。那我先玩行不？"

"行，不过，你今天得把错题整理完。"

"好的，妈妈。"听着儿子开心的声音，我在想，儿子的自制力到底怎么样呢？我们做父母的为孩子做出一次次正确的选择是多么艰难啊！

从幼儿园到小学再到初中，我还没有后悔和遗憾，我觉得孩子的教育没有出现太大的问题，这一次真的要慎重啊！

13. 疯狂的妈妈

2014年4月19日。

今天创了几个记录：第一次在长春打车花了67元钱；第一次领着儿子看演唱会；第一次领着儿子翘了正课看演唱会。儿子这是在上学的9年当中第一次缺课，过往发高烧的时候也没缺过课。

邓紫棋的演唱会在五洲皮草城举行，有人告诉我弄到了两张票！

本来已经换好衣服准备健身的我，立刻换回衣服，打上车直奔儿子学校。路上我犹豫了，怎么和老师说呢？是不是有点过分呢？不过，没办法了，我硬着头皮拿起了电话："刘老师，我想早接儿子一会儿，可以吗？""可还没上完课呢！你准备几点接啊？""六点！"我直接说。老师也没问太多："好的。"

儿子拿着书包出来，他瞪大眼睛问："妈妈，你太疯狂了吧？离中考还有70天，真的要去看演唱会吗？"儿子的理智让我觉得他长大了。作为一个十分感性的文科人，我要比他疯狂："没什么，我们出发。"我做出一个手势。儿子乐了："走！"

人好多啊，我俩八卦了一下，应该都是奔邓紫棋来的，场地里的气氛很是高涨。儿子一直在问："演唱会就是这样吗？我终于知道现场是什么样子了。"

"这就是现场，妈妈特别想让你体会一下这种氛围！"

"我头一次体会到这些！"

"今天可能不一定很尽人意，你不能怪我啊。"

"怎么能呢？我怎么能那么小心眼呢？"儿子对着我一通坏笑。

邓紫棋出来的时候，我有点奇怪儿子怎么如此冷静！她不是儿子的女神吗？这就是男人追星与女人的区别？他只是拿着望远镜看了一会儿，又跟着唱了一下。记得当初看刘德华的演唱会时，我自己就表现得很疯狂。儿子一看就是纯正的理科男，太不像我了，有些他爸爸的样子。

演唱会的时间似乎就是给儿子设计的，八点半就结束了。我们什么也没耽误。

"儿子，你表现得有点不像个粉丝？"

"怎么这么说？我只是内心有一点点的冲动而已，表现出来是不是会很傻啊？""怎么会呢？那是演唱会，现场就应该疯！""可我不能这样做，内心有份小激动就行了。"

晚上气温很凉，老公去接了我们俩。儿子虽然没疯起来，但确实很开心，过后儿子的学习状态一直像打了鸡血一样。我觉得适当地陪孩子放纵一下，孩子也许会有更大的动力。适当、适时、适地地渲泄，对于维护和调整孩子心理的平衡和健康非常重要。

14. 善意的谎言

2014年4月19日。

一大早，儿子就缠着我问：怎么办？全班同学都想看演唱会，没人请下来假，也没有人敢请假。可我请假了，同学会怎么看我？老师会不会批评我……

我告诉儿子："没事儿的，如果有同学问起你怎么回事？你就让他们猜！然后你就什么都不用说了！"

教儿子这样说，不知道算不算撒谎？但儿子受用了，偷着乐了好久。带儿子翘课去看演唱会这种疯狂的事情，似乎只有我能做出来，但我觉得并不影响孩子的学习，反而成为了儿子和我的小秘密。我们母子的感情弥坚了，儿子的学习也像注入了新的动力！

15. 幸福人生的十个点儿

2014年4月19日。

我总结了幸福人生的十个点儿：每天看一点儿书，每天上一点儿课，每天睡一点儿觉，每天走一点儿步，每天想一点儿学生，每天想一点儿儿子，每天想一点儿双亲，每天记一点儿生活，每天有一点儿想法，每天存一点儿积极！

16. 好事多磨

2014年4月23日。

昨天突然通知，儿子不上二晚了，结果今天又说，连一晚也不上了。我很烦恼，上不上课没关系，主要是接孩子的时间很紧张啊！

生活中总会出现这么多突然的变化。看来，我只有一个选择，就是让孩子自己坐公交车或打车。以前是有点不放心，现在又觉得儿子耽误在路上的时间太多，实在是不忍心，宁可自己麻烦些，也不太想让儿子辛苦。当然，我知道这是错误的。

让孩子自己体会一下挤公交车的滋味吧，这样可以让他从多角度体验一下生活。生活是一面多棱镜，总得让孩子自己去看看！

儿子这一届的学生，可能会赶上高考改革，儿子曾经戏言他们就是一批试验品。除了变，一切都不会长久，在变中好事多磨吧！

(暖心帖)

教育本无定法。孩子不同，方法宜不同，适合的教育才是最好的教育。

17. 当懒惰来袭

2014年5月20日。

儿子这段日子过得煞是潇洒。

我们一家人一起去看了《超凡蜘蛛侠2》。顶着大雨，看着美国大片，确实是别有一番风味。

儿子发表观后感："这也太悲剧了吧，女主人公会死？这也太不科学了吧，非得找一个高高的、独特的地方去拥吻吗？有点过分吧！"儿子的思考和反诘显现出他的变化和成长。

儿子在周六睡了个懒觉，爬起来到我的单位踢足球。下午，儿子做了会儿作业，晚上又看了《快乐大本营》。周日也大致如此。儿子的周末过得快乐轻松，但似乎笼罩在愈懒的氛围中。

我想，我们应该调整一下状态了，以抵抗懒惰来袭！儿子需要以最饱满的状态去迎接中考！

(暖心帖)

每一个家长内心深处的精神力量会潜移默化地给孩子带来很大的影响，这是一份联结力的体现。

18. 儿子的大事

2014年5月26日。

"妈妈，告诉你一件大事——我今天踢球，终于实现进球了！"看到儿子眼中闪着兴奋的光，我知道这对他来说真的是大事。

"恭喜你啊，进球了！"我发自内心地祝贺儿子，因为我知道他非常在乎这件事，他享受进球那一刻的悸动和荣光。

"妈妈，你知道我为什么这么在乎吗？因为进球了，别人才会认可你，别人才会在首发阵容中想到你。你想，你做一件事，别人不认可，你咋整？别人想不到你，你会不会觉得心里很不舒服啊？"

"也许会，可也不能太在乎。"

"可我在乎。我觉得做什么一定要做到最好，我宁可吃苦，但我不能比别人差。我可以付出比别人多，但我就不能比别人差。"听着儿子的话，看着儿子坚定的眼神，我觉得儿子这份不服输的劲儿太像我了！

"儿子，在乎的越多，人活得就越累，其实自己活得开心就好。你看妈妈，四十岁之前，一直在努力让自己不比别人差，但当妈妈在不惑之年后，就觉得自己以前太累了，其实完全可以不那样的。当然，人生总是要有所追求的。"

"妈妈，至少现在我在乎，我会努力做好我想做的事！"

"妈妈也希望你努力，不过别太苦了自己，妈妈更希望你幸福！当然，努力的过程也是一种幸福！"

"我知道，妈妈。"

"那记妙传，真的让我难忘……"儿子不停地说着。孩子其实很需要这种战胜自我、超越自我的锤炼和经历。

19. 世界杯是不是来得不太是时候

2014年6月14日。

早上，我发现儿子屋里扔着纸团，他的鼻子又出血了！

"妈妈，我凌晨三点多钟醒了，翻来覆去半天，也没好意思打扰你们睡觉，我决定不去看球了！"

"其实你可以叫醒爸爸妈妈啊！"

"那你们就会休息不好的。没事，一会儿看看新闻吧！"

看着儿子如此，我心里很踏实。

"你今早可以看一会儿球，一会儿妈妈送你上学。""谢谢妈妈。"路上，儿子和我探讨着：西班牙64年最惨一败，荷兰5：1复仇西班牙，范佩西、罗本各进了2球……妈妈，你说为什么西班牙会败得那么惨呢？本来想要卫冕冠军的啊？

"你想想呢？"

"队员也没有太大的变化，可为什么结果会有如此的不同？"

"是不是有运气因素？还有兴奋的程度？"

"我觉得世界杯似乎来得不是时候啊？"

"我知道，还有两周中考，下周周一到周四上课，周五周六模拟考试，后一周上四天课，就中考了。我会争取在这期间尽快进入状态的！"

听着儿子说得头头是道，我想着世界杯也许来得还算是时候吧？这或许对儿子是一种契机和检验。

20. 慢慢调整，慢慢适应

2014年6月19日。

儿子这几天正在进行生物钟的调整，每天睡觉的时间逐渐提前。学校里在本周五也开始了仿真训练，做题时间调整到了上午8点30分到10点30分，下午则是2点到3点40分，学校此举希望能把学生的兴奋点调整到这个时间段。

儿子的状态还是不错的，他非常放松。儿子每天都会大谈特谈一番世界杯。

明天开始第一轮的正式考试。关于明早的世界杯，我不知道儿子怎么想？如果他想看，我也不会阻拦。"我们同学真的有点疯了，他们说早上6点到8点看球，8点半去考试！""你怎么办啊？""睡觉，多睡一会儿！"看来儿子心中自有分寸。

"下周老师不上课了，你自己有什么打算吗？"

"只看看错题、背背书就行了吧？好像没什么大事了。"

山有峰顶，海有彼岸，漫漫学海，终有回转，余味悠长终有回甘，一切都是最好的安排。

暖心帖

给予孩子自由和空间，等于赋于孩子不一样的人生！

21. 付出总会有回报

2014年6月20日。

儿子这两天的考试，让我看到了他的轻松。

"妈妈，看来在好班上学真好！我们老柏（数学老师）说，普通班是努力考100分以上，而我们的目标是努力让班里同学都得满分，这就是区别。差距太大了！"

"当然啦，三年间的差距会很大的。你想一想，你比别人多做了多少卷子、多听了多少课？你抗拒了多少诱惑？妈妈也是看在眼里、疼在心里！付出与收获总是成正比！"

"平时确实比别人累得多，但现在的内心十分踏实，付出还是值得的！现在可以轻松地面对考试，觉得没有什么需要复习的了。我们现在比拼的是个人的认真程度和基本功。不过，就是担心马虎造成失误啊。"

"没事，哪那么容易失误啊！平常心就行。"

"是的，我还是有这份自信的。"

"高中的功课看来还要好好学，这样后边的学习就会好过些。"

"是的，就像跑步一样，前边领跑的人不太累，后边追的人反而会特别累。先学还是有好处的，但前提是你得认可。特别是上课很累，妈妈担心你听不懂、跟不上！""你太小瞧我了，我还没有听不懂的课呢，别人跟不上，我也能跟上的。我的智商不是随妈妈嘛，对吧？"

儿子坏坏地笑。互相调侃，是我们母子两个对话的主基调，轻松自如，和谐相宜！

看来，儿子对于高中阶段的学习做好了准备。我无比欣慰和自豪！

22. 小自由

2014年6月24日。

九年的学生生活，儿子从来没有如此放松过。当然，儿子对于父母的依赖还是多了些。

有一次儿子想去踢球，我想着给他带上钱和手机就行了。可他告诉我他脚上有伤，可能踢不了多久，让我把他送过去，等着他一起回家，然后我们一起去看电影……

陪伴就是一种幸福和共长！看到别人羡慕的眼神，我心花开放。

当然，我还是希望孩子自己走向球场、走向电影院！

23. 做优秀的父母其实很难

2014年6月29日。

儿子今天是"皇上"，陪伴他、"侍奉"他是我答应他的！

上午儿子英语考试结束后,我们先是照相,然后看他踢球三小时、吃烤肉两小时,唱歌三小时……回家洗澡、洗衣服,我精疲力尽了!

陪伴儿子去"疯",身体是本钱!做优秀的父母需要具备的条件很多,身体健康只是其一,我们需要持续去努力!

24. 回归

2014 年 7 月 3 日。

似乎这种生活离开自己太久了!

昨天晚上儿子洗漱完,我去洗了衣服,接着又收拾了洗手间。

今天早上,我居然起床为儿子做早餐了!煎了点黑椒牛排,儿子评价:熟了,还很嫩。煎了个鸡蛋,儿子评价:卖相不好,但好吃。再拌个西红柿加杯奶,早餐健康又科学。

想想自己已不知道多少年没有做过饭了!以前总觉得自己是"上得厅堂,下得厨房"的人,现在感觉自己对于家务生疏了很多。

晚饭时,儿子很震惊我要做饭,我想给他做石锅拌饭。他看了我一眼后"毅然"拒绝了!我没再说什么和做什么,看到儿子自己动手、"丰衣足食",我开心极了。

回归,做点母亲该做的事!我应该回归到自己的位置,不在人生的栈道中留下太多的遗憾!

25. 知足·幸福

2014 年 7 月 21 日。

好长时间没有和儿子如此开心地玩了。周六,我们去看了三个小时的《变形金刚 4》,看这部电影是儿子很久以来的想法,可苦于没有时间。儿子十分热衷于其中火爆的打斗场面,看完后跃跃欲试……

周日晚,看了《快乐大本营》,选择在电脑上看自有好处,没有广告也省了好多时间。我们很长时间没这样毫无负担地看综艺节目了,我们母子几乎乐翻在床。

儿子又玩了游戏、录了歌。听儿子唱歌就是一种享受,儿子很有音乐天分。音乐是儿子生活的一部分。

"妈妈,休息调整的时间总是那么快!感觉还没做什么,时间就过去了。""是啊,忙过了才更能体会到这种偶尔偷得的闲适和幸福。闲人的生活太没有意义了！""是啊，忙点挺好！"

这就是儿子的幸福！小小的幸福！很容易知足的幸福！

26. 享受生活

2014年7月26日。

昨晚去接儿子的时候，看到了邻居家的三口人，他们脸上都洋溢着满满的幸福。我有点蒙了，因为他们家的儿子的中考成绩为402.5分。

邻居主动向我讲："儿子要去日本上学了！我们就是去学校问的，校长把我儿子唠得乐呵的，然后我们就交钱了，一点儿都没费事。原来我让儿子出国，儿子不愿出去，这回儿子乐意去日本读高中了，挺好啊！"

我一句话也没来得及反应，我的大脑一片空白："好啊！"我机械地回应了一下。

邻居一家的那种幸福是发自内心的。其实幸福很简单，我们是不是想得太多、要求得太多？我为什么要让儿子这么累呢？邻居的儿子不是挺好吗？

我一路上不禁问自己：是不是应该做做儿子的工作呢？让他少学点。高分就是我们一味的追求吗？当然不是。但我知道这是儿子所追求的，他愿意为之奋斗。以前我总和自己的学生讲：一毛钱有一毛钱的幸福，一块钱有一块钱的幸福，只是每个人的个人体验不同而已，但不能让自己留下遗憾，努力了就好，结果不重要，这是不是就是自己体会的一个延续呢？

这段时间，儿子的生活里多了一个节目，每天早上到吉大的操场去踢球，多则四十分钟，少则半个小时。看着每天一身臭汗的儿子，始知"臭小子"之出处！我特别喜欢儿子的这种生活节奏。

早上踢踢球，白天学学习，晚上玩玩游戏，偶尔还用我的手机里的应用程序唱几首自己喜欢的歌，再让我分享一下！儿子比较享受这种生活，累并快乐着。

每天早上5点50分准点起床，做早饭、送儿子上学，然后回来收拾家务，我好长时间都没有这种回归家庭的感觉了。二十年来，似乎从来没闲下来过。家里由公公婆婆料理，没有让我插手的时间和空间。他们很辛苦，我由衷感激他们。

此时，我忽然发现，原来做一个家庭主妇，也是在享受另一种生活。

每天早上，清垃圾、洗衣物、拖地板、擦钢琴、备家餐……这种生活，循规蹈矩，但真实又充实。这才是家，这才是真正的生活。我体会到了海子的幸福，尽管可能很短暂，但我深晓活在当下最重要！

总有人在问：什么是幸福？我想说，享受你拥有的、找到适合你的生活就是幸福！

[暖心帖]

幸福是一种相互的影响与渗透，这种联结力才能成为孩子人生中最为坚强的后盾。

（二）思考力是幸福教育的根本

学习问题是家长和孩子矛盾的焦点。如果我们不能坐下来安静地解决问题，我们的爱就容易变成抱怨，甚至是怨恨。我们似乎做了很多，但当孩子的成绩上不去的时候，一切努力似乎都被抹杀掉了，一切也好像没有了意义。难道学习真的就是"成绩——补课——抱怨"三步曲吗？

如何面对孩子的学习，这是很多家庭困惑的问题，也是解决家庭教育问题的关键。其实学习只是个呈现形式，而过程才是最重要的。想让孩子成绩优异，欲使家庭风平浪静，那就需要家长具备较强的思考力。

1. 绝不走寻常路

2011年12月23日。

儿子在大型考试中的成绩越来越不理想了，在班级排名于三四十名，这是我始料不及的！怎么会这样？

怎么办？孩子的成长固然重要，但孩子的成绩也不能忽视啊！学习不好，孩子的自信心自然会受到影响。

我问儿子："咱们也出去补课吧？"

"不补。你不是一直不主张补课吗？"

"可你的班级排名有点下滑，我们是不是要想想办法呢？"

"想办法也不是一定非得补课呀！"

看到儿子满脸的不情愿，我没有多说什么。如果我强迫他去，是没有效果的，那也不是解决问题的办法。

2. 错过

2012年1月20日。

这个假期并没有想象中的那么开心，儿子只是按照计划完成了作业。有些时候，家长很着急，但孩子却相对悠哉，因为他们总是觉得没什么大不了的。

儿子做作业也有些磨蹭。每年过年期间，我们还要到亲戚家待几天，这个假期也就没有几天了。儿子的作业往往在慌乱中对付过去，这种隐忧时时搅扰着我。

3. 成长让人措手不及

2012年3月21日。

我从来没想过儿子的变化如此之大！

他有点让我措手不及。

开学快一个月了，儿子这段时间的成绩很不稳定，他认为自己的根源在于马虎。马虎就是没有速度和准确度，这是儿子给自己做出的解释。为什么会这样呢？是因为他做题的量不够？是因为没有时间做？还是因为做作业的效率不高？

儿子的观点是：我好好听课，晚上专门做作业，抓住课堂，课下不忙。

我听到的不仅仅是儿子给我的理由，更有儿子不容更改的决定。我知道儿子长大了。

儿子的学校在周六有三个小时的奥数课，这一直是儿子和我的心病。

两个超前班的学生都在上这三个小时的奥数课，内容还是由他们的数学老师讲。我觉得奥数课应该会涉及一些课内的知识，这样老师会不会在课内就不再多讲？这是我的心病所在。

奥数课需要学生每周大批量地做题，给学生造成的压力很大。儿子说：很多孩子是家长逼去的，所以上课就对付，与其对付不如不去。我说：法乎其上得其中，听完奥数课再去做正常上课的题目一般会容易得多。

"从理论上来说或许这样，如果我数学仅仅是20多分的成绩，你还要求让我去上奥数课吗？你会说，基础更重要，好好抓住课堂吧！"

"我没想过让你去上奥数课，只是觉得你应该想方设法解决自己的问题。"

"我会的，现在让我考到20分要比我考到满分难多了。"

儿子的思想是很难撼动了。但我还是说：问题总是要解决的，只是方法不同而已，殊途同归！

4. 特殊待遇

2012年4月7日。

近期，幸福这个话题在儿子的嘴里出现过两次了。

前两天，接儿子回家的路上，儿子突然说：妈妈，同学们好羡慕我啊，他们说我好幸福！

　　我们班一个同学，第一次考试没考好，他妈妈耐着性子和他讲了方法，分析了原因。可当分析完后，他第二次又没考好，他的家长就开始一顿狂骂：笨蛋、没用的家伙、完蛋的东西……他今天在学校里委屈得大哭，我们都去安慰他。很多同学对比说我的父母最通情达理。我仔细一想的确如此，我觉得我太幸福了！你每次都帮我分析原因，不断地安慰我、鼓励我，我真的太幸福了。

　　看着儿子洋溢着幸福的笑脸，我在想，孩子的幸福多么简单和直接，孩子不幸福、不快乐不就是与家长息息相关吗？很多家长觉得为孩子付出了很多，可曾想过自己到底做了些什么呢？

　　昨天晚上接儿子的时候，他又说：妈妈，我同桌太羡慕我了，甚至达到了"恨"的程度了。

　　我问他为什么啊，他讲了他同桌的情况：

　　昨天我们谈到假期生活，她说自己就在家待着，百无聊赖。我告诉她，我和爸爸妈妈打球、吃铁板烧、看电影、放风筝、去卡拉OK唱歌……而且我的学习每天都按计划进行。我同桌听着，表情不断地在变化，显然是羡慕嫉妒恨……妈妈，我真的觉得很幸福！

　　儿子，妈妈希望你永远快乐幸福啊！妈妈会做得更好！

　　我的心里也隐隐有点痛，我多么希望天下的孩子都充满快乐和幸福啊！

> **暖心帖**
>
> 　　学习是一个不断思考、共同探讨的过程，也是一个矛盾重重的过程，但碰撞有可能是最好的迸发。

5. 作业的反思

2012年8月21日。

　　每个假期似乎过得都很艰难，这个假期也是这样。儿子要考钢琴10级，所以苦练了两周的钢琴；自己上了两周英语课；我们回农村住了5天。35天的假期似乎就这样满满地安排完了！儿子的作业还没完成呢？

　　8月16日是儿子上学交作业并且考试的日子，刻不容缓啊！

　　8月15日的晚上，儿子写作业一直到了22点，才算大功告成了。我和儿子都长出了一口气。尽管写到这么晚，我也没有说什么，但儿子的话让我震撼。

　　"妈妈，我要反思一下，作业怎么写到了这个时候呢？"

"我也不知道。"

"妈妈，寒假的时候，你一定要全力以赴地追着我写作业啊！"

"我可不追着你写，你会生气的。"

"我不生气，可也不好说啊。"他嘻嘻地笑着说，"没事，生气你也能理解。"

"现在这样生气也只是几天，我要整天让你写，你不得和我生气一假期啊！"

"不能，真不能。早写完多好啊，你说是不是？"

"我知道，可你愿意吗？"

"你监督不就行了吗？"

"真的啊？"

"真的！"

"那妈妈就监督你了。"

"好啊，写完作业，我就可以学学围棋，再干点别的了。"儿子想利用好自己所有的时间。

儿子不仅是在反思自己在假期中的作业进度，而且在重新制定和调整自己的计划。每一件事都让孩子在成长！我真的很开心！

6. 灰暗的日子：拼搏与奋斗

2012年10月至2013年11月。这一年多里，我们付出了无数的努力，我却没有勇气将这一年写出来，一切印刻在我的脑海里，每一天都是刻骨铭心的。

300多个日日夜夜，没有人知道我们是怎么过来的。我相信我们一定会成为人生最后的赢家。

这一年，我没有写日志。

我和每个家长都一样，不想把儿子的不开心暴露或记录下来，这是对自己的教育没有信心的表现吗？

因为我走了过来，也因为孩子走对了，我还是愿意与大家分享这其中所谓的成功经验。

当孩子的成绩不尽人意的时候，作为家长应该冷静，试着和孩子坐在一起，想办法因势利导、对症下药。问题不可能一下子就解决，很多家长就是在这上面犯了错。

学习不是一蹴而就的事，坚持的过程才是改变的关键。

父母要传递给孩子坚持下去的勇气与信心。无论成绩有没有提高，都应该看到孩子的努力与改变。我们的态度和表现、我们的一言一行是孩子坚持下去的最直接的助推器。

孩子付出很多，却看不到希望，就会想放弃，会自怨自艾，甚至会怀疑人生。而这个时候，父母是解决问题的核心。你要看到孩子的努力，明白成绩不好不是一下子就可以改变的。你的坚守、你的鼓励才能让孩子真正地走下去。很多家长却没有认识到这一点。

解决问题一定要从根源出发，不能东施效颦，盲目地效仿别人去补课，更不能人云亦云。每一个孩子的问题是不同的，产生这些问题的原因也是不同的，只要针对自己的孩子制定策略，并用足够的耐心去坚守，问题一定会解决的。

儿子的问题出在很多知识点没有提前学过，所以一些简单的错误就会出现。

我曾经找过教儿子物理的于老师，他告诉我：你家孩子的智商、情商都很高，缺少的就是提前学习的过程，让你家孩子补课吧，补的不是知识，补的是自信，我怕你家孩子落下的时间长了，自信心都没了。

我和儿子反复商量应对之策，最后结果是：自学。儿子自己提前预习下学期的课程，但儿子的时间仍是自由的。每个假期，儿子都需要提前预习下学期的课程，假期玩的时间越来越少了，可相对上课来说，儿子还是自由的。

坚持了整整一年，孩子的学习问题解决了。到了初三，初中的课程基本结束了，大家都站在了同一个起跑线上，儿子的"时代"就到来了。

儿子经常说遇到我们这样的父母是他的福分。

有些父母总在抱怨没有摊到一个好孩子，可我们有没有想过，我们的孩子是否摊到了好父母呢？人之初，性相近。因为我们作为父母的差异，铸成了孩子多少的差距？认识自己，才能让孩子成长到最好。

> 暖心帖
>
> 父母应该给予孩子的是无穷无尽的精神力量。我们要用同一标准来要求我们与孩子，这样才够公平。

7. 我的"时代"到了

2013年12月10日。

两年半的日子，多少的努力和付出，多少的辛酸和幸福！

儿子说："我的'时代'到了！这就是我的天空。"

九百多个日日夜夜，让儿子感到过压抑和无奈！儿子进入初中前，没有提前上过课，导致每个学期开始即被动，往往因为低几分，名次就会差很多。这就是事实。

初三的日子很紧张，上学期很重要的一次月考，儿子排到了班级第三名，进入年级前十名，这个成绩应该是很可喜的了。儿子说：妈妈，下学期就是我的时代了！

儿子的霸气展露无遗！

我也出奇地放松了。

8. 儿子谈学习

2013年12月11日。

一直以来，我都觉得儿子不像是个初三的学生，因为在他身上看不到紧张学习的样子。即便这样，他还在抱怨：你说也不知道我们老师怎么了，以前总领我们去大操场玩，现在不去了，一天到晚只剩下学习了！

"儿子，其实你的生活要比别人好，你想想，你班里现在是不是没有玩游戏的同学了，你每周还在嗨；班里是不是没有人看《快乐大本营》了，你依然看；班里是不是没人去电影院了，你照去不误。妈妈不会限制你，因为你能够约束自己，和别人这样比，你的心情就会好多了。"

"妈妈，我知道自己比很多同学幸福，所以我很珍惜。但学习生活真的不应该是这样的。我从小就觉得会学习的人不应该一味地上课、做题，我觉得能上名校的人、能成材的人都应该是全面发展的人。天天学、时时学的人可以把成绩搞上去，但他不一定是最出色的。劳逸结合，会学习也会休息，才是最科学的。你说是不是应该这样呢？"

"其实怎么学习都累，像你这样高效学习的孩子，累的是大脑，但那些天天一直在学习的人，是身心疲惫。做事高效，统筹安排，主动权就都在自己的手中了。妈妈觉得你的看法太正确不过了！"

9. 计划

2014年1月30日。

成绩对儿子来说，已经不再是问题了。假期对于儿子当然相对轻松了，但他有自己的想法，明白自己需要什么，也懂得自己应该做什么。这也是一直以来我内心对孩子的期待。

看到儿子做的寒假计划，再看看他完成的五彩笔记，你就会明白，一个优秀的孩子自有他优秀的道理！

每个假期，儿子都是这样，且不断进步！

儿子的书桌上面，总是会有一份让人看着特别舒服的学习计划，不但计划漂亮，而且字写得也很养眼，我百看不厌，心生欢喜。

> **暖心帖**
> 一个优秀的习惯可以让孩子受用一生。

10. 儿子的大喜大悲

2014年2月18日。

昨天我去接儿子，在走廊里就有家长对我说：你儿子真厉害，这次英语考试只错了三个小题。这次考试太难了，听说都是生词，好多学生都考折了……儿子付出了很多，从小学二年级到初中二年级的六年时间，儿子喜欢英语并且为此下了大功夫，功夫不负苦心人啊！

班主任刘老师见到我说："你儿子真是大喜大悲啊！""啊？""英语最好，可历史出现了很大的失误，扣了14分，在班里都排到后边了，这对孩子打击太大了！"我回头看了儿子一眼，儿子稳如泰山。"没事儿，我儿子挺得住的。这是好事。"刘老师看着我的眼神都不太对了，她可能以为我会因为历史成绩而"愤怒"。"没事儿，今晚我来接他，他有妈妈做坚强的后盾，不会有问题的。"刘老师笑着说："其实，我以为这次他可以考第一的，结果没想到会有这么大的失误，不过也没关系，英语一科就把他的成绩拉回来了，也跑不出太远。但孩子还是压力挺大的。""没事的，总比发生在中考时要强啊！"

在回家的路上，儿子和我分析了这次考试出现问题的原因。看到儿子洋溢着的自信，听着儿子的反思和分析，我不想过多参与，我现在完全就是一个陪伴者和倾听者。他有自己的想法和对待问题、解决问题的方式，如果这种状态可以在生活中坚持，我想儿子未来可期，并且让我一万个放心！

这么大的落差，儿子可以及时调整，冷静对待，真的是不简单。

祝福儿子，他又成熟了！

11. 儿子的偏执

2014年3月12日。

儿子有些时候过于偏执，这一点当然不会经常表现出来。

今天早上送儿子上学的路上，我们谈论了做作业的速度。

"我们班的唐伟那个快啊，到第二节晚自习的时候，他便开始做压轴题和各科的考纲了。"儿子满脸的羡慕。

"你可以做到吗？"

"我没人家快。"

"他是不是把课间时间都用上了？"

"不是，下课的时候总是会听见他在侃大山！"

"那为什么呢？"

"上课时，他常常一边听课，一边写作业！"

关于写作业与上课听课的问题，我主张课一定要辩证地听，有时候可以边听边抓紧时间写点儿作业。儿子认为所有的内容都应该一丝不苟地听，不应该有任何的含糊。这样自然就把作业全都放到了晚上来做！

儿子对自己的认识坚定不移。

即使如此，儿子写作业的速度也可以适度地进行强化。

12. 儿子的小狡猾

2014年3月15日。

晚上，我去接儿子，儿子出来时，我没看到他。他突然跳出来，用手电吓唬我……

"周考天天有，今天特别多。"儿子打趣地说着周考。"今天我们考了五科。这还只是周考。"他用自己的方式调侃，接着告诉我：我们每天都在用自己的优势成绩折磨着别人。"语文考得不好，才第一。""我的英语不好，才全年级第一。"

"今天王同学又请假回家看《我是歌手》去了，她还特意从我身边走过告诉我一声，多气人！"

"她就是特意气你呢，谁让你用《快乐大本营》气她呢？你也可以回家看啊！"

"拉倒吧，这个不行的。"

儿子说了一路，然后告诉我：上学其实挺有趣。

在中考前，儿子有这样的状态，我很满意。

（暖心帖）

方向、目标和落地的方法，是一定要有的。最主要的是每个孩子成长的路上，乐观的心志的培养更重要。

13. 自我认识

2014年4月16日。

昨天，进行了模拟考试。

考了三科，儿子回来说自己考得不好。今天早上，我才问他："考得不好是什么意思啊？""就是语文有一个三分的题觉得答得不准，英语错了一个选择题。""这就是不好？"我很诧异地看着儿子。"对啊，那么简单，我都能错，那不就是考得不好吗？""这次考得很简单？""对的，因为外边都知道我们吉大附中的题难！""那倒是。""这次很简单的，分数怎么也得高一些才对啊，我出现了不应有的错误，你说是不是感觉不好？我感觉这段时间状态不好。""没事的，不要太苛求自己，知道吧？""我知道的，今天这几科，我好好考就行了。""不用总对自己要求那么高，你已经很好了。""谢谢妈妈。"

晚上恰巧有邓紫棋的演唱会。

虽然儿子第二天还有一天的课，但我还是征询他去不去？

"我不想去了，有点儿耽误事。"说实话，儿子的女神来了，我想直接领他去现场，可他居然有这样的控制力，我觉得自己可以对儿子放手了。

14. 时间都去哪儿了

2014年4月24日。

昨天晚上，学校取消了晚自习，儿子在家里做完了作业。

我们发现：在家里的学习效率还是不如在学校高！

今天，儿子放学的时候，他们的老师拖堂了近20分钟。儿子出来告诉我，他今天值日。我说我有急事，不能再等了！

儿子跑进去5分钟就出来了，比平时快了10分钟。"妈妈，你说我讲究不？我是跑出来的，怕你着急！"

"太讲究了，谢谢儿子！"

"和别人换了一下值日，我就跑了。"看着儿子兴奋的表情，我觉得真的应该让孩子放松一下了。

距离中考还有60多天，晚自习不上了，会不会乱了儿子的节奏呢？于是今晚我又让儿子上了校外的晚自习，不知道对儿子是不是很残忍？

生活是辛苦而又充实的，时间都去哪儿了！只想说：莫等闲，白了少年头！

15. 儿子的闹心事

2014年5月8日。

每天和儿子坐在车里的交流,是我一天中最大的享受。

今天儿子上车后就开始了反思和抱怨。

"我现在都不知道怎么学习了。作业按时完成,就没有了自己的时间,如果不完成,也过不了老师的检查关。太闹心了。"

我回应:"你可以选择性地写啊!""可怎么选呢?英语老师留了四张卷,数学、物理、化学老师各留了一页,不能不写吧?哪里还有时间复习啊!"

看着儿子纠结的样子,我说:"不如就不写英语作业吧,数量多,内容也没用。你说呢?""我还是觉得对不起英语老师。""那咱们就马上调整,如果想写就快点,如果不想写就放弃!这个权力还是在你手上的,是不是啊?按自己的想法去做就行。"

儿子发牢骚是一方面,但最终还是会认真地完成作业的。

儿子很闹心,我能理解,也能帮他开解一下,但他确实需要有个平静的过程。其实儿子一直都是认真地去完成作业,作业也没有想象中的那么多。马上就要初中毕业了,像儿子这种性格的孩子可能会觉得失去了自主性,从而发泄"不满"也是正常的。

16. 学习应该是这样的

2014年5月12日。

临近中考。

老师渲染了很久:本次考试是最重要的考试,意义很大……但儿子表现得波澜不惊。

考试前夕,儿子什么也不看了。儿子枕戈待旦,看来已经成竹在胸!

考试改在了星期一。这个周末,儿子过得如此潇洒:周六跑了一趟学校,回家后看电视,晚上钟情《快乐大本营》。周日8点15分起床,悠哉乐哉!上午洗澡,下午欣赏电影《超凡蜘蛛侠2》,晚上看闲书。

三年风霜雪雨,收获就在眼前!

17. 面对不理想的状态

2014年5月13日。

昨天考试过后，儿子就给我打电话，"妈妈，这就是我们老师说的考试很简单吗？""考题很难吗？""不好说啊。"这是昨天儿子在第一时间反馈给我的信息，我有点忐忑。

今天早上，儿子说：最后一个数学大题太复杂了，没做完，后悔没学点儿高中课程，用高中的公式很容易就能算出来。

"仅仅一个题目呗，没事的。"

"各科都不太顺手，感觉不会像老师所说过590分的人会很多。"

儿子这话说出来后，我总算心里有点数了。看来自己还是不太了解儿子，儿子的不理想就是和他想象中有差距，有差距对他来说就是很糟的事了。

看来自己看问题的角度还是需要调整，其实更需要调整的是自己的心态。我明明在做教育，却不能从理性的角度去考虑问题。我不应该盯孩子的成绩，而应该看孩子的位置。儿子其实是自信的，我更应该信任他！

18. 民主

2014年5月15日。

我对儿子的教育，更多采用的是民主的方式。我们总是分析每件事情的利弊得失，最终由他自己抉择或权衡。

学习过程中，会面对许多选择，让人时常无可奈何。我告诉儿子自己做主，试着去选择一种适合自己的方式。

给了儿子自主的空间，他就会对自己的事情做出全面的分析和思考，也能克服自己内心的一些纠结的想法。这样的民主方式可以让孩子心智愈发成熟。

让孩子早一些养成独立思考和分析问题的能力，放手让他自己去选择，自立和自强的孩子最精彩！

> 暖心帖
>
> 对孩子要授之以渔，不要授之以鱼。

19. 学习要好但不能学呆

2014年7月2日。

儿子告诉我：妈妈，上高中后，我一定会更加努力，但除了学习，我不想放弃我的爱好！

儿子说：我爱踢球，我爱音乐，我喜欢运动，我喜欢做自己喜欢的事！我不想成为一个书呆子！

我积极响应，我也将是儿子最忠实的"粉丝"！

儿子正值如花似梦憧憬满天飞的青春芳华，美好的未来等待着他去开拓！

20. 得与失

2014年8月11日。

我们一直不愿意让儿子去外面补课，这个假期居然也发生了。

儿子去参加大家所谓的"鬼班"，真的就是魔鬼一样的训练，凡是签约的学生都要去听这个课，否则进入高中是没办法分班的。这是变相的学习，但也变相地剥夺了孩子的休息时间。这是我唯一让儿子补过的课。

这个假期过后，我觉得儿子对课堂没有那么在意了。原因很简单，在"鬼班"集中注意力一个多月，儿子的神经崩得太紧了。以致走到了课堂上，他的效率就有点下降了。这算不算损失呢？儿子以前在课上什么多余活动都不会做，现在偶尔也会做点什么。好习惯养成很难，但坏习惯很容易泛滥，又很难改变。

补课需谨慎，对于儿子是不是得不偿失呢？

暖心帖

在外学习的利与弊是可见的，如何对待课外班？让无数个家长感到茫然。我们不能视补课为圭臬。我们应该从激发孩子的学习动力入手，只有孩子的学习目标和动力建立起来了，各种提升学习的手段才会有效果。

（三）接纳力是幸福教育的关键

在感情上，家长们要善于接受孩子反馈回来的爱。我们总觉得自己的付出是应该的，一旦孩子想承担一些、付出一些，就不能接受，觉得孩子还小，怎么能让他来承受这些呢？但事实上，这是孩子们乐于做的事，而这种爱的接纳力往往是幸福教育的捷径。

当孩子们学会了反馈，学会了感恩，也就慢慢地真正学会了爱。有些家长可能会说：好好学习就行了，其他的都无所谓！也正是在这种功利的学习气氛中，许多孩子便成了最冷漠的亲人、最熟悉的陌生人。

对于孩子的爱，我们不能不接受，更不能流露出不在意的样子，因为这是对他们巨大的挫伤！只有我们接受了孩子的爱，让孩子们感受到付出爱是幸福的，才会激励他们去勇敢爱、传递爱。

1. 最幸福的那一刻

2011年2月28日。

今天儿子发烧了，他自觉地吃了药。

晚上11点的时候，我量了儿子的体温：39.2度，吓了我一跳。儿子看了看我，居然干巴巴地笑了出来："妈妈，没事的。电视上讲过，体质好才会发烧，如果体质不好，连烧都不会烧上来的，可见我体质是很好的。""扯蛋。""真的没事，妈妈，你别担心。""妈妈，你还没睡，不困吗？你躺在这里睡一会儿吧！""没事，妈妈不累。""你是批卷子到现在，还是为了给我量体温才等到现在啊？""都有，没事的。""那你也太累了。你去睡吧。我可以的。""妈妈陪你一会儿再去睡。""好哇……"

人生如茶，静心相对。时光如水，沉淀方澈。我会慢慢体会儿子带给我的每一份感动。

2. 享受自己在慢慢变老

2012年8月21日。

"妈妈，你坐这里，我帮你拿着。"在公共汽车上，儿子告诉我，"你先用手扶着那儿，小心别摔倒了！"是啊，有日子没坐公交车了！

"妈妈，我拿着吧，有我和爸两个大男人，不用你拿东西。"我是家里被宠着的女人。看着儿子已经碧玉妆成一树高，老去原来也是一种享受啊！

"妈妈，你先睡吧，我自己能行！"儿子洗完澡自己去睡了，我反倒有一种隐隐的失落，儿子已长大到不需要我的时候了。"妈妈，我选同桌想选徐雨竹。""为什么？""她是女生中比较稳重的，最主要的是她的数学成绩很不错。"我知道儿子对数学还是不太自信。"那现在的同桌呢？""他也问我选不选他了，我总觉得对不起他。"我有点吃惊了，"你做什么对不起他的事了吗？""那倒没有，只是原来选他，是因为我觉得自己的话太多，现在我的话是少了，却觉得他的话变多了，那是不是我愧对他呢？"

儿子的自我定位与规划，以及换位思考的能力，让我充满感动和欣慰！

"儿子，没事的，也许你们是互相帮助、互相成长了呢。这段经历，对你和他都有好处，不管爱不爱说话，只要不过分都不是问题！""是吗？但我心里总觉得对不住他。""你不用这样想，他也和你一样在进步啊！""那好吧，我们重新排座后还会是好朋友的！"从凝重到放松再到开心，儿子在思考中不断地成长。

3. 你们太不让我省心了

2013年12月10日。

最近大家都在议论地震的事，儿子常常给我和丈夫上"地震课"。我总说：我和你爸没事的，带的班级都在一楼，所以跑起来特别容易。因为你们班在二楼，跑起来也容易。不如让你爷爷奶奶回老家吧，乡下更安全。

"妈妈，地震时应该先躲起来，总有跑的想法是不对的。人跑不过地震的。你们的认识有误区，太不让我省心了！你们听我的吧，要有安全意识，不能总想着跑啊！"

"妈妈知道，你放心吧！"

"还放心呢，总想着跑，大错特错啊。"

"我知道错了。"

"这样我就省心了！更放心了。"

看到儿子如释重负的样子，我心潮起伏、感慨万千！

4. 儿子的逻辑

2014 年 4 月 10 日。

每天晚上在家的时候，儿子都会看十几分钟的电视。

儿子每晚吃一个苹果，他照例啃着苹果进客厅来看电视，丈夫此时在看着新闻。儿子左转转、右转转，然后看看丈夫，没吱声，再转转……我有点想笑，但没出声。

儿子终于忍不住了，"爸爸，你说怎么有个怪现象呢？""怎么啦？""为什么咱俩总不合拍呢？""怎么不合拍呢？""你看，我小时候想看动画片，可你看的是生活类的节目；等我慢慢长大也喜欢看生活类节目了，你却霸占了体育频道；等我懂了足球、喜欢体育的时候，你又开始看新闻了！我们什么时候能同步呢？"看着儿子的无奈，听着儿子极富逻辑的话，我乐得都不行了。儿子的逻辑真厉害！

5. 小心眼儿

2014 年 4 月 21 日。

昨天在车上时，我们看到一位老人骑着电动车在车流中左右穿行，我感慨颇深地说："多危险！也不知道自己到路边上去骑！""你还说人家呢，你大概不知道吧？爷爷以前带着我就这样骑车啊，其实真的挺危险的。""这样的老人可真多，没办法。""不过，我还是有小心眼儿吧？不对，不对，是小心思。爷爷也不听我的，我就把身子往路边倾……"

看到儿子得意的样子，想想他和爷爷在电动车上较劲，我觉得儿子更可爱了！

6. 儿子的调侃

2014 年 5 月 6 日。

星期天，因为青天（二姑姐家）和莉莉（大姑姐家）都回来了，我们张罗着吃一顿烤肉。宁可居无竹，不可食无肉。

烤肉一上桌，我就感觉不对了。那肉一看就是相对便宜或打折的。

儿子会意地一边说一边使着眼色："平时我吃的肉都是最后的，剩下的爷爷奶奶也不舍得吃,还说给我留着呢!""奶奶还不是心疼你,等你挣钱的时候,好好孝敬他们就好了。"婆婆点头附和着。儿子摇摇头说:"我挣多少钱都没用,他们还是疼孙子啊!奶奶爱吃啥,我肯定义不容辞地去买啥!"婆婆笑得眼睛眯成一条线。

我很享受家庭的这种氛围。

奶奶说牙床子疼:"不知道怎么了,牙床子咋疼呢?""上火了吧?那就吃点药吧。""我吃了,可也不好。""爷爷是不是去外边说奶奶的坏话啦?"儿子一本正经地说着……公公的耳朵不好使:"你们说啥?"一家人笑得前仰后合……儿子总是适时地说些调侃的话,为家庭带来了诸多欢声笑语!

7. 生活的滋味需要慢慢品

2014年5月21日。

昨天去接儿子时,看到有卖房子的信息,就随手打了个电话,结果惹上了事,中介的电话接二连三打过来。

"妈妈,你想买房子吗?""以前想过,刚刚看到信息,就打听了一下,可人家一直追着问。其实妈妈很希望你上学也不用走太远,在路上耽误的时间太久总是不好。如果可能,妈妈就把咱们现在的房子卖了,再想法在学校旁买套房子,这样你上学就不用浪费那么多时间了。""妈妈,你想过离你单位有多远了吗?我上学只有三年,而你和爸还要上很多年班,还是不要卖房了吧?我行的。"听着儿子的话,我心里有一种说不出来的滋味,酸酸的,也甜甜的。

我告诉儿子:妈妈当了二十年班主任,接下来的三年就不再当班主任了。妈妈要享受这三年与儿子共度的光阴!以后你上了大学,妈妈想和你面对面说说话的机会都少了。"你会不会烦妈妈啊?""肯定会啊!有时候,妈妈有点霸道,我就不爱听,不过这种情况很少很少!""好啊,你烦妈妈。"我假意去打他,儿子一个箭步跳开了。我和儿子时不时这样追逐打闹、不亦乐乎!

我们没有换房子,也没有租房子。

生活有滋有味,我和儿子相处甚欢!

8. 我与儿子的小尴尬

2014年8月2日。

今天是儿子的小学同学聚会的日子,他是翘课去的,我觉得儿子应该参加。聚会地点设在潘多拉游戏俱乐部。

我把儿子送过去,俱乐部的服务生让我很尴尬:"您如果不会玩,可以坐在这里看书。"这里边都是青少年,这样年纪的孩子应该过的是学生应有的生活!看看他们的样子,似乎早已脱离了学生身份。从他们的神情中,我看到了两个字:沉迷。

屋子里边满眼都是骷髅怪兽的图案。进入视线的就是桌游,一个让我十分陌生的字眼儿。我看了一下,自己留在这里真的只有看书的份了,实在不太搭。两个服务生像看怪物一样看着我,我觉得实在是太尴尬了,只好选择悄悄地离开。

我两个小时后来接儿子了。

儿子似乎还没有玩够,但我告诉儿子:这样的环境诱惑太多了。如果贪图玩乐,你的人生就会得过且过。如果你可以拒绝这些诱惑,就会有不同于别人的人生。

儿子表示他是可以节制的,同时他也不是外星人。

儿子告诉我他心里的感受,他想玩,但他能理解我对他的担心!我告诉儿子,生活可以体验,但不能和他们一样,否则就会迷失自己。儿子非常认同我说的。

回来的路上,我让儿子去买土豆和大葱。回来后,儿子告诉了我他遇到的尴尬。

"妈妈,我有点太傻了,看来我需要经历更多的生活。"

"刚刚在菜市场,我说'我想买几个大一点的土豆。'卖菜的阿姨说'土豆一收。'我问'什么是一收啊?'那个阿姨看了我一眼,我觉得她一定是觉得我很有意思,不过她没笑话我,而是告诉我:'就是不让挑,收到什么算什么。不过现在没人,我就帮你挑几个大的吧。'我说'谢谢阿姨,我还想买葱。'结果人家说葱卖光了。"

"妈妈,我好像什么都不会!""多体验就好了,你再去那个超市买点葱吧?"

儿子回来的时候又乐了:"我问服务员怎么挑大葱啊?结果人家说葱没多少了。我就随便拎了几根回来了,你看好吗?""多好啊,这葱就是妈妈想让你买的那种。"我马上回应着儿子,并同时传递着及时的肯定与接纳。

今天,两代人都遇到了尴尬,正是在这种尴尬中,我们恰恰也收获了更多的思考与进步!

（四）心灵感应力是幸福教育的桥梁

在沟通上，我们经常会抱怨孩子不与我们交流，为什么呢？

真正的沟通，应该是我们与孩子在平等和尊重的基础上，各自讲出自己的道理，然后公平地讨论。

在正常的情况下，我们应该与孩子分享他所有的情绪，与孩子进行无缝隙交流。我们不但要学会倾听，还要学会回应。

有些孩子想和父母交流的时候，父母总让他等一会儿，这一会儿遥遥无期，或许就变成了一辈子。有些时候，孩子想和父母交流自己遇到的困惑，父母却大讲自认为正确的道理，根本不听孩子的，以至于孩子再也不想和他们交流。试问所有的父母，我们在和孩子兴致勃勃地说话时，孩子却没有回应，我们的感受会是什么？

1. 让心放开

2012年3月21日。

我有时候还沉浸在儿子没长大的记忆中，但我觉得我的心应该放开，守护应该扩大，应该让儿子有自己的一份担当与选择！

以前没想过儿子有一天会自己整理自己的生活。

每天与儿子一起长大，心里多了莫名的依赖；每天听着儿子滔滔不绝的话语，就感觉自己不断地与他产生着碰撞和共振；每天和儿子探讨学习生活，过得紧张又充实……不知不觉间，儿子一天天让我刮目相看，也让我惊讶万分。儿子长大了，他有着更美的远方！

丈夫也时常提醒着我该放手时则放手，让儿子能够尽情地翱翔！

我意识到我需要变化，需要调整对儿子的依恋和疼爱，已经到该放开的时候了！

2. 当了一回儿子的学生

2012年3月26日。

"好强"两个字，对于当今的孩子，我觉得应该有一个新的理解。我们总在说：

现在的孩子怎么了？怎么一点儿上进心都没有呢？其实不然，每个人都有好强的一面，都有上进心，只不过需要我们去挖掘。

儿子就很好强。

这周的某一天，儿子的班级的课程将完全由学生自己讲课。这一天，他们才是自己学习的主人。

儿子很自信地报名讲英语课，而且是 45 分钟的全英语教学。他回家向我说这件事的时候，我觉得他应该是可以胜任的。

"我在学外语时，老师全都是英语教学，我觉得从听到说，自己应该也能行！"

儿子的脸上写满了自信，这是一份付出多年以后的踏实。这个周日，儿子对我说：考 NEAT 八级也不是不可能的。八级应该是高三年级的学生考的，如果初二的学生考过八级，就相当了不起了。

英语学习已经成了儿子生活的一种习惯和常态。学习英语俨然是他的乐趣，而不是负担。

晚上，儿子开始备课了："妈妈，你来配合一下，好吗？"于是，我就做了儿子的第一名英语课的学生。"你得配合一下啊，要严肃，请跟我读。"

儿子的讲述十分流利、自信和认真，他整整讲了 25 分钟。儿子像模像样、绘声绘色，仿佛资深教师一般，我配合得也很默契。

看到自信满满的儿子，我心里有一种说不出来的安慰，六年的英语学习，有付出就会有回报。从口语到书写，儿子驾轻就熟。

我相信：儿子第一次讲课肯定会成功的！

3. 人逢喜事精神爽

2014 年 2 月 19 日。

真是忐忑啊！儿子在这次考试中，其中一科竟然丢掉了 14 分，总成绩因此也会不理想吧？

带着一身的疲惫，我赶去接儿子，对于儿子的班级排名的结果充满了惶恐。

9 点 05 分，儿子出来径直拉开车门说："真是人逢喜事精神爽啊！""喔，多大个喜事啊？""折了一科，班级第七名！""啊……""我的目标是考前三！""已经很牛啦，儿子！"

儿子打开了话匣子，唠叨起来。一直以为唠叨是中老年妇女的专利，看来有引子的话，小孩子也不遑多让啊！

"我今天中午进了我踢足球以来的第一个球。""不是吧？那天你不是进了吗?""这是正规的比赛……"儿子的兴奋让我觉得他比中了状元还要高兴。

"妈妈,爸爸为什么对于我取得的成绩常常显得不痛不痒似的?""没事,爸爸作为男人可能更理性,妈妈很感性,但我们还是应该平静地去面对未来的生活。""我知道,妈妈,我只是今晚要兴奋一下……"

儿子很开心,但丈夫对儿子曾经的不回应也让孩子感觉到了不舒服。交流应该是相互的,我们要让孩子愿意与我们分享他的"荣光"。

4. 爱是相互的

2014年2月26日。

一直以来,我本着这样一个观点:不能让孩子来自己的学校就读,绝对不是对自己的学校不信任,而是认为这样做可能会让孩子产生拘束或不舒服的感觉。

昨晚去看了儿子班级的晚课,感觉到儿子在自习的时候还是会偶尔注意到我。实际上,我特意一直坐在前边看书,但总感觉儿子不太自在。我不由得想到了自己的一个学生,初中三年都是在父母的全天候监控范围之内度过的,孩子实际上非常痛苦!孩子应该有他自己的空间。

儿子刚刚下课,就跑了出来:"妈妈,你给我看看作文,行吗?""当然行啦,你先取饭,你吃饭,妈妈给你看。""那多不好意思啊!"看到儿子脸上的笑容,我也逗他一下,"谁让咱是妈呢?"儿子嘻嘻笑了一下,"那一会儿我吃完饭你给我讲讲吧。""没问题。"儿子吃饭那真叫个香啊,我才知道什么叫作"看在眼里,甜在心里"。吃完饭,儿子把盒饭里的橙子切开,高高兴兴地送到了我面前,"妈妈,你吃橙子吧!""谢谢儿子,妈妈不吃。""你吃吧。"我吃在嘴里,更甜在心里。

"妈妈,到走廊里给我讲吧。"看到儿子认真的样子,我能想象出他听课的状态。听完后,他特别高兴:"我懂了,谢谢妈妈。"

及时享受和珍爱生活中的点点滴滴,给孩子空间,让孩子健康快乐地成长,你的生活才会更加快乐!

5. 距离中考一百天

2014年3月20日。

距离中考还有100天,我写给儿子一封信!

亲爱的王晨宇同学:

妈妈这样称呼你,你还习惯吧?

我这样给你写信还是第一次，正是因为如此，真的觉得有好多的话想对你说。

每个人都会有丰富的人生，你可谓将面临着你人生的第一个十字路口，距离中考还有100天，这是一段特殊的日子。

十五岁，是人生新的开始。那天报名的时候，你说你很紧张。记得那时吗？爸爸妈妈都站在你的旁边，爸爸妈妈永远是你坚强的后盾。记住，无论你的事业多大，无论你离家多远，我们的支持和陪伴永不变。

那天妈妈和你说：小时候的你啊，不管脑袋、屁股还是脚丫子，妈妈怎么亲也亲不够啊！你开玩笑地说：你的口味还很重啊！听着你的反应，我有点恍惚，你已经是男子汉了，一米七八的个子、八十多公斤的体重，还学会了和妈妈调侃……你的成长让妈妈都没有做好思想准备。

你十五年的成长历程，仿佛就在眼前：执着地练习钢琴，妈妈看到了你的坚强；广泛涉猎书籍，妈妈明白了你对知识的渴求；每次考试后的自我分析，妈妈欣慰你能有一个优秀的学习习惯；看到你能和同学们打成一片，妈妈相信你的情商可以使你笑对生活；听着你和妈妈畅快的谈话，妈妈知道你把妈妈当成了知心朋友；看着你的成绩一步步地提升，妈妈佩服你的付出和你不服输的精神；听着你对自己人生的规划，妈妈了解了你内心的那份小成熟……体会着你成长中的点滴，妈妈感到幸福和满足，更为有你这样的儿子而感到骄傲和自豪！

你有自己的理想，你说"上天选择了我，是为了改变世界"。妈妈知道你有自己的想法，你有着男人博大的胸怀。你说你的未来要创业，要去做一些有益于社会的事。

你非常优秀，让作为教师的妈妈甚至于无所适从，不知从何说起，但今天妈妈还是要在你中考倒计时100天的时候，送上妈妈的建议和祝福！

要拼搏！每一次付出都会是人生的一次历练，这是我们人生最为宝贵的财富！

要懂得珍惜！不要让自己的人生留下遗憾。就像你所说的：有这么多的优秀的老师倾力付出，应该珍惜在校的每一天、每一节课！

要善于把握机会！机会对于任何人都是均等的，但它只选择有准备的人。只有抓住每一次机会，才会让你的人生更精彩！

要幸福！每个人都有自己的幸福观，做自己喜欢做的事，致力于让自己幸福的事！

在这100天中，坚持自己善良的本心，保持自己优秀的习惯，抓住自己宝贵的时间，释放自己最大的能量，去收获你人生拼搏的第一个辉煌！

祝福晨宇在轻松愉快的心情中迎接中考并心想事成！

爱你的妈妈
2014年3月17日凌晨2点37分

> **暖心帖**
>
> 理解和认同孩子是良好亲子关系的基础，互相不理解是沟通最大的障碍。

6. 母亲是一项事业

2014年3月21日。

不要把母亲只当作一个称谓，想做一个优秀的母亲，那就应该把她当作一份永久的事业，才能真正实现这句赞美：母亲可以创造伟大的神话！

一个人的教育绝不是凭只言片语就可以做到的，也不可能通过一两次简单的接触，就可以让孩子成长得阳光和优秀。母亲的爱与教育应该出现在孩子生活的点滴之中。

每天和儿子在一起说说话，我觉得这是一种享受。昨天我才知道，其实儿子也是这样想的。

"妈妈，每个人都有自己宣泄的方式，我的方式就是调侃，越是这样的闲扯，就越让我放松。""那也不错，每个人都有自己不同的解决问题的方式，没有人说一定要怎样去做的。"

"这几天也不知道为什么，总觉得自己的压力很大。这次考试我不一定能考好，你要有个心理准备。""没事，可你自己知道理由吗？""我觉得自己不太在状态，总找不到感觉，应该是遇到了瓶颈。""试着说说你具体的感觉！""只是觉得自己现在很难找到答题的感觉，但还不至于很差。今天答了两个多小时的数学卷子，最后真的有一种要晕倒的感觉，后来我吃完了这一周攒下来的零食，才算是调整过来点儿。""为什么会这样呢？""今天感觉像是用脑过度，营养跟不上了似的。我们老师不是每天都发小食品吗？家长送得多，她有时候就发得多，我就吃一个留一个，以备不时之需。结果我今天把留了一周的小食品全吃了，一会儿得去超市买点了。""好啊，那咱们下车就去买。"我及时回应着儿子，努力让儿子觉得踏实起来。

每次听到儿子这样的话，我内心都有一份感动，其实我从来没要求他这样过份节俭。他明白挣钱的不易，想让他多花一分钱都很难。但这也让我有点闹心，男孩子应该学会花钱。

"妈妈，这段时间有点太累了，感觉都有些胸闷了，今天待了一会儿才好。""儿子，妈妈真的很心疼你，不希望你太辛苦。要不咱们不上二晚了，没有必要把自己弄得太累。""没关系，妈妈，我可以的。要不这周末我玩一会儿吧。""你玩吧，怎么玩都行。要不要爸爸妈妈陪你去唱歌或看电影？""看情况，如果有时间的话我们可以考虑的。""儿子，不用太追求完美。我们都已经很努力了，爸爸妈妈已经很满意了。""妈妈，我懂的。"

感受和回忆着儿子的成长，也在收获着幸福。

母亲有责任教会孩子做任何事！母亲本身就是一份事业，而且是一份非常值得努力去做好的事业！

7. 女神

2014年3月19日。

儿子告诉我："妈妈，我有一个女神，很厉害！""啊？你的女神？"我有点蒙："什么状况？"儿子看到我的神态，大笑起来，"我就觉得你会震惊的！""你还有女神？"我乐了。"别怕，看你，想多了吧？""是吗？是我想多啦？难道儿子有大喜事啦？""净扯，我是说邓紫棋！"

看到儿子那副调皮的样子，真的有想"咬"他一口的冲动。

"我知道，她唱歌太厉害了，有时像嘴里含着一块糖似的！"

"那是她唱歌的风格。"

"听说她原来就是个小太妹，是个混混。"

"不可能的，她多有才啊！那些歌词，大多是她自己写的。她唱什么都能唱得很出色。"

"确实唱得很好，但妈妈只是和你说说我所听到的关于邓紫棋的信息而已。"

"是不是所有写歌的人都是诗人呢？诗人是不是都能写歌呢？"

"那可不一定，有人能写歌，却写不出诗。有人写的诗是没办法唱，古人写的很多的词恰恰是用来唱的。"

第二天，儿子又认真地谈起了这件事。"妈妈，邓紫棋真的不是小太妹，她很有才华的。""妈妈没什么观点性的东西，就是探讨点问题罢了。其实她做得很专业，已经很优秀啦！""是的，我就愿意听她唱歌。"青春就是这样，有歌有梦，有激情有憧憬！

每周日看《我是歌手》重播时，儿子必须到自己的房间，安静地去欣赏，这可能是一种境界吧！

儿子陶醉在歌声中，然后鼓掌、模仿。他学歌的速度很快，唱得像模像样。认真加努力，总会有收获。

周末对于儿子来说实质上很轻松。周六晚上的《快乐大本营》，这是儿子必看的。哪怕是中考前的 100 天里，儿子一期也没落下过。《我是歌手》与《快乐大本营》两个电视节目，成了儿子周末固定的放松的"晚宴"！

和孩子一起快乐，你就会发现世界是幸福的、是快乐的！快乐学习，可以帮助孩子构建持续进步的学习力！这是弥足珍贵的。

8. 儿子的箴言

2014 年 3 月 19 日。

去接儿子的时候，我看到了这样一个画面：一个胖胖的儿子，一个不算年轻且有些黑瘦的爸爸，这对父子边走边开着玩笑，勾肩搭背，其乐融融。但引起我注意的是这位父亲背着儿子的书包。

儿子说这个爸爸主动背上了他儿子的书包，并且和他儿子一起笑闹，亲密无间，这才是新型的家长与孩子的关系，多好啊！听着儿子的这句话，我觉得这是对所有父子说的。

"是啊，父子就应该是这样的！以后让你的爸爸也给你背书包吧！"

儿子笑着摆摆手："其实不一定要背书包啊！我爸还陪我踢球呢？"

"那你说爸爸好不好啊？"

"当然好啦，我们爷俩没得说。不过说真的，爸爸你还是陪我练习带球过人吧……"

儿子做事之认真让我佩服得五体投地。只要是他喜欢的，无一不认真对待：弹琴、唱歌、下棋、踢球……

儿子的话深深地触动了我，家庭就需要这样一个宽松的氛围啊！

其实，教育本身就是一件顺理成章的事情，可有时候我们似乎太过于功利了，结果呢？我们失去的不仅仅是孩子的快乐，更是那份在亲情中应有的融洽和幸福。

暖心帖

教育就是顺其自然，每个孩子都有自己成长的路径，我们不能强迫孩子去改变。

9. 一次真诚的道歉

2014 年 3 月 26 日。

去接儿子的路上，我反复思考，要怎么和儿子说一声对不起呢？

儿子上车了。"儿子，妈妈觉得特别对不起你，真的。"

"哪有的事？你太有意思了，我什么事都没有。"

"儿子，你长大了。"

"妈妈，你发现我变了吗？你回忆一下这学期无论你和爸爸还是爷爷奶奶唠叨的时候，我不耐烦了吗？我发过脾气吗？是不是没有？"

"确实没有。"

"我根本就不会生气，再说你们都是为我好，我是知道的。昨晚我哭了，这和你们一点关系都没有，我只是自己想找个机会释放一下而已。什么事都没有！"

"好，妈妈一直不知道怎么和你说好呢？你昨天哭了，让妈妈我无所适从啊！"

"妈妈，我是个大男人了，我想考个名校，想给自己更多的机会，我想做很多事，我要去追求，我会努力的……"

看着侃侃而谈的儿子，我的眼睛湿润了。儿子居然有这么大的变化，这是一个走向成熟的过程吧！

10. 放纵也是一种爱

2014年4月9日。

这个周五，《我是歌手》总决赛，我让儿子放纵了一把。说实话，儿子对歌曲的喜爱真的是达到了如醉如痴的程度。平时，在观看这个节目时，我们是不能出声的，他需要周围绝对的安静。我同意儿子请假回家看这场电视直播的总决赛。

"开心吗？""当然开心啦，就是请假看电视感觉挺过分的。这段时间状态还不是很好。""没事，开心就好。哪有那么多的想法，想玩就开心玩，你说呢？"儿子的内心对于请假看电视有些不安，他总觉得自己还是应该专注于学习。

因为看电视节目，我和儿子到了11点多才睡觉，歌手韩磊的王者之气让我们不能释怀。生活中处处都是教育和感悟，让孩子过自己喜欢过的生活这也是爱的方式，孩子的生活里需要更多的热情和激情。

每个人都应该有这样一个让自己尽情感受生活的过程，让激情绽放，足够了！

对于孩子，适当放纵也是一种爱！

11. 今年这个"五一"

2014年5月3日。

我们原本计划得很好：第一天写作业、理发、洗澡；第二天上午上课、中午吃烤肉、下午照相；第三天系统地进行复习，以准备市里一次很重要的大考。

结果，天不遂人愿。第一天正常，第二天下午下起了雨。儿子很想体会在外边吃烤肉的感觉，我告诉儿子奶奶在家里准备好饭了，以后再一起出去吃吧。"那好吧。"儿子答应得很痛快。儿子总会以"大局"为重，我很感动。

第三天，丈夫邀请儿子到学校打球，儿子委婉地谢绝了。儿子的理由很充分：由于4号上午考试，3号复习功课的计划雷打不动！

儿子分得清孰轻孰重，他能够专注于学业，也能够调节生活、放松自己。我是他生活的参与者和陪伴者。

12. 和儿子做朋友 1

2014年5月5日。

儿子常常让我去创业，他告诉我：女人四十岁之后创业是容易成功的。

昨晚，他很纠结地和我谈起了他的未来设想："妈妈，我很是矛盾，我很想玩10年的音乐再去创业，可又不想放弃自己一直以来的梦想——拥有属于自己的事业，我还想着做一些公益"。听着儿子的唠叨，我说："如果你的基点高了，那么你的机会就多。如果我们现在的努力不够，将来能选择的机会就少，做事成功的几率就小，你说对不？"

"妈妈，人的一生可以做多少事呢？""儿子，人生可以做很多事，只要自己想做。就像妈妈为学生付出了二十年，现在妈妈想把自己对教育的反思回馈给社会，实现自己的人生价值，这也算是做公益吧！再过二十年，妈妈余生就竭诚尽力为你服务，你说怎么样？"

"妈妈，你原来这么伟大、这么高尚呢！"

"妈妈只是做了点自己应该做的事而已。"

"妈妈，我也会好好做的。"

每次和儿子交流，总能看到儿子的思考。我知道，很多种子已经在儿子心中生根发芽了！

13. 和儿子做朋友 2

2014年5月5日。

"我们班的男生都觉得大部分女生长得有点'过分'，他们都说某姐长得还行，你觉得呢？"因为我认识儿子班级里的大部分孩子，儿子在"审核"我的审美观！

"你们作为学生的审美标准和我们不一样啊!"

"你们大人怎样审美呢?"

"我想想啊,就像第一夫人那种气质最好。"

"喔!端庄大气型啊!"

"嗯,不过一定要善于持家。"

"难了,我估计我找不到这样的媳妇了。"

儿子紧接着说:"像你说的那样的女孩子,去哪里找啊?"

"我是觉得这样的女子才是最理想的,你将来不一定非要找一个这样的啊!"

"可你想啊,儿媳妇总得让你看吧,你看着不舒服怎么行呢?"看儿子认真又折射出的戏谑的样子,我忍俊不禁。

"没事,主要以你为主,怎么能让我儿子找不到媳妇呢。妈妈只是说一下其中一个评价标准而已,怎么能有硬性的要求呢?"我们两个莞尔一笑。

暖心帖

对孩子真正的尊重和理解,是教育的核心。

14. 感动

2014年5月8日。

昨天吃晚饭时,大家提到了儿子上高中的事。儿子的学习一直都是爷爷奶奶最自豪的事情,但是爷爷还不放心,依然反复叮嘱儿子不能大意。大家其乐融融地谈着儿子的未来。

"奶奶,我一定努力考一个好大学,有出息了,多挣钱孝敬您,这样您就不用像现在这样节约了。""到时候,爷爷奶奶给你准备一万块钱的奖金。""啊,别啊,太吓人了,您要多长时间才能挤出一万元啊?那咱们以后还能吃着肉吗?我还怎么有力气学习啊?"看到儿子假装哭喊状,我都要笑崩溃了。"你可真是小瞧我们了,怎么能在饭里省钱呢?你爷爷还有退休金呢,我们用那个攒。"

"奶奶,您不用给我攒了。我这次中考省下4.5万,老师说让父母把这个钱帮着存上,留在将来用,我就给您2万吧,您自己花,不用给我,别总舍不得买好吃的。"爷爷奶奶眼中泛起泪花:"这小子,是个好小子。"每每两个老人家夸儿子时,总是这句话。

15. 我和儿子谈及的幸福

2014年5月15日。

发自内心地和儿子交流这个话题，这还是第一次。

"儿子，你说，作为学生，你觉得学习是一件幸福的事吗？"

"那要看如何正确地对待这件事。不过学习一定是一件很艰苦的事。"

"为什么这样说？"

"我觉得幸福是做自己愿意做的事。当然，人生每个阶段有每个阶段的幸福，我现在必须有明确的目标，为目标而努力，同时做自己喜欢做的事，比如听听音乐唱唱歌，看看电影踢踢球……"

"在你努力的过程中，你感觉幸福吗？"

"说真话吗？"

"当然。"

"其实是很辛苦的，但因为想享受成功的结果，所以我愿意努力。目前还没有感觉学习是一种幸福，但是我并不厌倦。我觉得这种感觉还行吧！我毕竟是为自己的未来在努力，还是值得的。"

听着儿子的话，我知道我这个做妈妈的可以安心啦！

我注视着儿子说："幸福其实在生活中有很多，比如每天享受着奶奶做的饭，就是一种幸福。"

"是啊，我们班还有好多同学没人给做饭呢。"

"奶奶岁数大了，能做到这样是咱们的福分啊，你说是不是？爸爸妈妈都没有时间，如果奶奶不能做饭，我们就得将就着吃啦。家有一老就是宝啊！"

我们享受幸福，是因为我们拥有这份幸福。儿子对幸福有着正确的认识，他知道自己要什么，也知道自己怎样去做！

暖心帖

教育是潜移默化的过程，对孩子人生的定位决定了一个家庭的幸福指数。

16. 儿子的崇拜

2014年5月15日。

儿子也是"追星族"的一员，他喜欢邓紫棋、张杰、林俊杰等。

"妈妈,我们学校有一个物理老师,得过很多的荣誉,但我听完他的课,我感觉不比我们于老师强啊!我们于老师讲课好,又有幽默感,他应该比那个老师优秀,为什么当不了物理组组长呢?"

"妈妈,语文老师特别厉害,而且特别敬业。你想象不到她的付出,她总是忙得不得了。是不是优秀的人都会这样忙啊?"

"我们数学老师……"

"我觉得我能听到这么多优秀老师讲课,太幸运了!"

"还有妈妈你,我觉得你是我心目中最厉害的语文老师……"

"儿子,每个人对名和利的看法都不一样。妈妈只想凭着良心做好自己的本职工作,妈妈不求头上有什么光环,只求自己问心无愧。每个人看事的角度都不同,你们于老师应该也是这样的人。有些时候,什么都不去求,生活中反倒多了一份幸福。"

"妈妈,我不这么看。可能是因为年龄的缘故,我喜欢那些有成就的人,我喜欢像他们那样成功,我喜欢有人关注我、喜欢我。"

"你有这样的想法是对的,但不必看得太重。"

儿子的内心是强大的,他有着正确的人生方向,他的崇拜让我感受到了儿子内心的传统、正直与充实。

暖心帖

正确的人生观与价值观是让孩子前行的源源不断的动力。

17. 儿子是暖心的

2014年5月29日。

昨天晚上,我还没有回家,儿子就给我打电话,他说他们学校的领导让我帮他们批改作文卷,问我可以吗。我说回家再说吧。

每天早上,我都是把脸先贴在儿子的小脸上,然后叫他起床。以往,他都会四肢打开,伸一伸,滚一滚,总是要五六分钟才能睁开眼睛。

今天我一贴脸,儿子的眼睛马上张开了。

"你怎么想的啊?"

"什么?"我一愣。

"就是批改作文卷的事啊!"

"喔,没事没事,我可以批。"

"那你多累啊，我问了问老师，老师说可批可不批。她知道你累，她说她也可以找别人的。"

"没事，妈妈也没为你做过什么。"

"可你每天都是这么晚回来，再批卷能行吗？"看着儿子一脸的坦诚和担心，我觉得我此时是这个世界上最幸福的母亲。

"没事，妈妈可以的，你看妈妈壮着呢！"儿子笑了笑，接过来说："那你不可以偏心，给自己的儿子加码啊！前20名要有专人辅导的，我不想走后门。"

"妈妈保证做到公私分明，光明磊落！"

于是，儿子乐呵呵地起床了。这是我们生活的常态，儿子真的很暖心！

18. 回归

2014年6月10日。

这几天，我的心就像丢了一样。我的学生高考后就离校了，让我很失落。我缓了几天，今天心也应该回归了！距离儿子中考只有17天了，我做一名好老师，也要做一个好妈妈。

昨天晚上，我似乎不太走心，对于儿子学习方面的事反反复复地询问，以至于儿子说："妈妈，你问了好几遍啦！""是吗？"

说实话，我自己也听出了自己声音中的不耐烦，这可不是我的风格。"妈妈，你说我还洗澡吗？""为什么不洗呢？就几分钟的事，冲完澡多舒服啊。""不过这个点洗澡太早了，多尴尬啊！""为什么尴尬？说话的时间也冲完了。"我的语气很生硬。"妈妈，你怎么不高兴呢？""这么点事也问我，你什么时候能自己做主呢？"我真的不知道自己怎么这么烦躁，本来一直都没有问题的事，怎么今天全都变成麻烦了呢？

"好，好，那我以后什么都不问你了。""你也别问我要钱啊。""我向爸爸要。""爸爸没有。""那我就偷就抢。"丈夫听着我们的对话不太对头，急忙说："偷什么，抢什么，我在这儿呢。"丈夫给我使着眼色，似嗔还怒地看了我一眼。我不出声了。

自己把负面的情绪完全带到家里或孩子身上，这是绝对不应该的。

我怎么会这么躁动？看来自己需要马上调整了。好在儿子的状态还不错，没太受我的影响。我会改正的，对不起，儿子！

> **暖心帖**
>
> 教育孩子时，父母的情绪化是要不得的。带着情绪与孩子交流，只会让矛盾激

化、关系僵化。

19. 理性的儿子让我有些无奈

2014年6月14日。

"为什么你总会做出一些特别理性的选择？"我试着问儿子这样一个问题。

"因为我要分析其中的利与弊，然后选择有利的做法。我要看一下怎么做更有价值和意义。"

"总是那样做，多累啊？生活也需要激情和浪漫。"

"妈妈，你不用担心，有很多女孩子喜欢我，我自己当然有吸引人的地方。我是很浪漫的人，不会没有生活的乐趣的。不过对于很多问题，我现在都可以做一些理性的分析。"

儿子顿了顿，接着说："今天我们开了会。老师把两次分数都在583分以上的学生叫到了一起，分析为什么没过590分。我觉得我的分析还算合理：第一，每个人各自有各自的问题。我自认为知识基本掌握了，所以不重视考试，说白了是认真程度不够；第二，马上要中考了，能不能多给学生一些自主的时间？妈妈，我这句话说得够隐讳吧！我没说作业太多；第三，关于考试状元，我觉得是可遇而不可求的，但我一定会努力去争取，需要机遇、临场发挥和绝对的实力！"

"我自己有个想法，从下周一开始，我就要进入紧张状态，一直持续到中考，我要找到答题的节奏。"

听着儿子深入细致、滔滔不绝的分析，我的心情一下子好起来了，同时心中也有一丝丝无奈。

20. 是优点还是缺点

2014年6月17日。

昨天中午吃饭的时候，婆婆说："晨宇是比别的孩子更懂事。他今天'批评'我了，因为他爷爷这两天血压高，我却让他爷爷自己出去了。"听着婆婆的话，我知道，这是儿子生活中的常态。记得他曾经也'进谏'过爷爷：奶奶心脏不好，你不能把奶奶一个人放家里啊！

儿子对家人的关心都是植根于心中的。

周末的晚上，我领儿子去买了运动装，花了将近1000元。儿子对此颇有感慨："妈妈，有点太奢侈了吧？""没事，放假了总得买几件自己穿得舒服的衣服吧?""可我总觉得花得有点多。我反正不会在自己身上花这么多钱,太浪费了。""儿子,你的观念得改一改。会花钱的人才会挣钱,你看哪个有钱人是攒出来的,当然前提是能挣到钱。""我知道,将来有了女朋友,我就不会吝啬。""好啊,你重色轻母啊!""没有,我对妈不敢抠的,财政大权全交给妈,行吗?""我岂不就是你的经纪人啦?那媳妇可不好找了,没财权啊!"我俩互相调侃着,不亦乐乎!

儿子心细如发、崇尚节俭……这些应该都是他的优点!然而,过犹不及就变成了缺点。我相信儿子能把握好!

21. 生活点滴

2014年7月8日。

一直以来,儿子都说其聪明基因随我,结果聪明的我今天却做了件蠢事:姚同学的妈妈告诉我,她被抽去监考了,并告诉了我具体时间,我误以为她是想告诉我时间很长而抱怨,实际上呢?她是让我要提前10分钟接孩子。我踩着点儿去当然是去晚了,儿子故言之凿凿地说他的智商今天绝对不随妈妈。儿子常常郑重其事地指出我的缺点,并且"三令五申"要我改正。我也在努力地迎逻着儿子,以与他同频同轨。

"妈妈,吃饭喽,口口有惊喜!"

儿子不等我反应过来,接着说:"今天买的李连贵大饼,太大了,有两个'老北京'那么长。开始吃的时候,先吃到肉,咬着咬着又发现了干豆腐丝,再往下咬是大葱,这就叫口口有惊喜!"儿子时常把一件小事也说得充满了趣味。

物理即将考试了,儿子的定位很低:及格就行!

我瞪大了眼睛:什么?及格就行?

儿子笑了:没那么惨。我是保持低调。

生活是无序和琐碎的,但我与儿子相处的点点滴滴,像一条红线把一天天紧紧地串联在一起,我喜欢这样的生活!

22. 小小的震撼

2014年7月14日。

我的心情颇不宁静,没想到今天儿子会如此郑重其事地和我谈了一次话。

儿子洗完澡睡下了,可我的内心一直没有平静下来,一直在回忆着刚才儿子和我之间的对话。

用丈夫的话来说，我的更年期正逢上儿子青春期，很容易产生矛盾。儿子相对想独立，而做母亲的又管得太多，于是便会出现一些不和谐的现象。

"妈妈，我想发泄一下，我想哭10分钟。""没问题，你哭吧，用不用爸爸的肩膀？""不用。"

我希望儿子轻松些，因此不愿他去上额外的课。可是他直接否决了我的意见。看到儿子上课又紧张又累，我就特别心疼，便不想让他去了。于是，我们之间就会发生不太愉快的对话。

"妈妈，我今天有点感冒，一早又看了会儿世界杯，再加上今天上课的地方换了，好一阵子折腾，做物理题时脑袋一片空白，但我很快会调整过来的。"

"我逆反？因为我现在正处在青春期，我明白我们这个年龄就是这样的。我会努力克制自己，但你也得多想想。我语气不好的时候，你克制一下，你语气不好的时候，我也克制一下，这样我们就会好多了。"

我有点蒙了，我从来不觉得自己是个唠叨的人。

儿子说："你叮嘱一些事的时候，自己也许根本没注意到一些细节，这是一种习惯。我知道您万分关心我，但过于关心，是不是显得我好像饭来张口、衣来伸手呢？我已经到了一个应该去照顾别人的年龄，您过份的关心对我而言反而是负担。即使我能理解这一点。"

"妈妈懂的，妈妈一定会及时调整。妈妈只是希望你在人生的黄金三年不要留下太多的不开心和遗憾！"

儿子感动地大声道："谁言寸草心，报得三春晖！"我心中溢满感动的同时，也体味到了很多以前未曾体味的东西！母子如此，夫复何求！

（五）引导力是幸福教育的核心

很多人在教育方法上走入了误区，让教育变得扭曲。没有爱的引导，没有爱的思考与深入挖掘，教育只能流于形式，从而变成缺失了灵魂的教育。无论我们有多少优秀的理念与丰富的知识，只要没有正确的引导，孩子们就会熟视无睹。

1. 教育的困惑

2011年1月4日。

很久以前，丈夫就对我说过，对儿子的教育一定要有心理准备。作为一个自诩对教育有点研究的人，现在真的遇到了问题，让我突兀觉得非常困惑。

今天早上出来，我问丈夫：你说儿子放假在家能干什么呢？因为我们不放假，孩子只能和爷爷奶奶在一起，他们能做什么呢？

儿子是一个动态的人，如果不去用一些事情占有他的时间，他将很无聊地过这个漫长的假期。十一岁的孩子，怎么去忍受这份寂寞？

今天早上，我问了儿子一个问题。

"昨天我在网上看到你们班一个同学说他玩了一上午三国杀，可另一名同学说那个同学'OUT'，为什么啊？"

"妈妈，他们都不玩三国杀了，都玩大的网络游戏了。"我听儿子这样说，顿时无语了。

我学了三国杀的玩法，目的只有一个，和儿子玩，和儿子交流，而且有时间的时候也确实陪儿子玩了。可我还是跟不上时代的步伐。

多年来，我一直在和儿子同步成长，始终在引领着儿子，可今天我忽然觉得自己无所适从了，我陷入了困惑。

2. 第一次

2011年3月8日。

儿子长到了十二岁，这是我第一次如此失控地和他谈话，原因是他把手机和钱包都丢了。对于丢东西，我并不介意，我介意的是他的坏习惯。以前发生过丢衣物的现象，我都是和儿子反复交流，以做到不再"重犯"。看来我的引导还是不到位。

"人非圣贤，孰能无过，但不能一犯再犯。你就没想过要把用完的东西放到衣服兜里吗？在一个地方摔倒多次是不行的！人一生不能这样过，你上课效率高，所以你有时间玩，也有时间学很多东西，并去做自己喜欢做的事。可是你这种坏习惯是要不得的，你自己还不在意？那是绝对不可以的……"

儿子在哭，我狠狠心，一古脑儿把所有的话都说了出来。

"你为什么哭？你哪里委屈？"

"我不委屈，我就是觉得自己很没用。"

看到儿子这个样子，我自己也哭了。

"来，妈妈抱一会儿。"儿子坐在我的怀里，我搂着儿子，心里满是歉意。其实儿子一直做得都很好，我不知道刚才自己这样对他吼对不对。

"你生妈妈的气吗？""不，我生自己的气，本来不应该发生的，可还是发生了。""妈妈只是想让你印象深一些，以后不能再这样马马虎虎的。""我知道，妈妈，我只是觉得自己真的不应该……"

人生总有一些事，让你无奈和无助。我不希望我和儿子有太多这样的经历。

3. 爱在骨子里

2012年9月26日。

每天接儿子放学回家的路上，和儿子的畅谈是生活的一大乐趣，也是人生的一种幸福。这是我们之间的沟通与问候，也是我们共同的了解和分享。

"妈妈，我将来有钱了，首先买一辆你最喜欢的车送给你，我把咱家的速腾开北京去自己用，让你开新车。我让你总是开新车。"

"儿子，谢谢你！妈妈的幸福绝不是你挣大钱、开好车，只要你幸福、快乐，妈妈就开心啊！"

儿子太过于懂事，这样会把我惯坏了！我爱儿子爱在骨子里。

4. 学会花钱

2012年10月2日。

这次儿子去北京回来，让我意识到要教会他花钱。

儿子去北京带了200元钱，居然又全带回来了。他告诉我，外面卖的东西的性价比不高，所以不能随便花钱。同学带的钱都不够花，而他却一分没花。

"长城上的水也太贵了，住的地方就有免费的开水，忍一下就到了。""我们同学买的东西，第一次见到时10元一个，第二次就10元两个，最后都变成了1元一个了，妈妈你说这样的东西买来多亏啊！"

"你不乱花钱是对的，但不能太抠。既要能赚钱，也要能花钱，否则社会上就不流通了，社会经济怎么发展啊？要学会花钱，花钱也是为社会做贡献啊！"

5. 知足常乐

2014年2月25日。

昨天晚上去接儿子，听到了李校长对儿子的肯定，我心里赛蜜甜！

"你家晨宇真的很好，我们前两天在研究学校的重点学生，其中就有你家的孩子，将来或许考个状元呢！""谢谢您，孩子有那么好吗？""他是我们圈定的几个重点苗子之一啊！""是你们教导有方、培养得力啊！"

回来的路上，和儿子谈起这个话题，我故意设悬念："你可坐住了，校长对我说了一些你的事。""能有多大的事，还不是要重点培养我。""你知道？""当然啦，我们班主任老师都说了，我们几个是重点培养对象。""你怎么想的啊？""其实也可以努努力，有些事也不是不可能的。"儿子笑容里带着些神秘。"你别吓我，我胆子小。""我没吓你，努力一下，万一呢，哈……"儿子用极具特色的小眼睛扫了我一下。

我的儿子，我懂的！

"妈妈现在很知足。你一直在积极备战，过程很重要，至于结果什么样，我们都可以接受！努力了，就没有太多的遗憾，不是吗？"

"当然。妈妈，我们语文老师总是说高中语文怎样怎样难，到底不容易在哪里呢？""因为高中语文已不再是需要掌握一定的知识，更多的是需要培养一定的思维方式和思考能力，所以语文考试中，很多题都容易失分……"

我相信：儿子如此而为是赢家！当然，我有子如此，非常知足！

6. 自我批评

2014年3月3日。

连着几天没有写日志，我感觉自己有些懈怠了！其实忙永远是借口，那只是为自己的懒惰找到一个貌似合情合理的理由而已。

这几天的事足以让我写一篇很长的文章了。

我和儿子发生了一场"世纪之战",应该说这是好多年都没有过的事情了。

星期四,在学校上完晚自习,我感觉很累,所以便让丈夫去接儿子。丈夫接儿子回来了,儿子却在后边磨磨蹭蹭,这种情况不可能没事。

"你在路上和儿子发生冲突啦?""没有,就是和他谈了一下早上最好早起10分钟,不能总让人家等咱们啊。""谈得不对劲吧?儿子怎么是这种状态呢?""没事。"这时,我俩在卧室听到外面奶奶说:"把桌上削好的苹果吃了吧?"这要是平常,儿子会边吃边聊天,但今天他却说:"我不吃了,我睡觉了。"声音中明显带着不开心。"你说你一天就接这么一个孩子,还让儿子不开心。你想没想过,儿子这一天下来多累啊?你和孩子好好说呗。""我是和他好好说的,就是讲道理啊!"

我去儿子屋里,他已经洗漱完躺下了。

"怎么,不开心啊?""没有。"

我想起了今天老师给他面批作文,即转移了话题。"今天你找老师给你批作文了吗?效果怎么样啊?""我找了,老师说要把一些分论点提出来,这样能更清晰些,你说这篇文章如果在高中的话会是一个什么分值呢?""50分左右的吧,我觉得论点鲜明,有举例论证,有道理论证。可能初中与高中老师的评分角度不同吧?""有可能。反正我们老师说,这和她的标准是有区别的。""第一次写议论文,这样就不错了,妈妈觉得挺好的。"孩子毕竟还是孩子,换了话题,他的情绪好了许多。

我从来不会让孩子带着低落的情绪去睡觉,我看他情绪转好了,即互道晚安,而后悄悄地出去掩上了门。

孩子在生活中情绪化的反应很多很细微,细微之处见"精神",点滴之中找原因。作为家长,的确需要适时地开展自查和自我批评!

暖心帖

引领一定要及时,才能对孩子有效,滞后的分析和引领,效果微乎其微。

7. 磨蹭怎么办?

2014年3月3日。

熟人的脾气人人都知道,自家的孩子自己最清楚。

儿子上学一直有人接送,我们夫妻周六、周日几乎都是在接送孩子的路上。当然，儿子有时候是坐邻居的车。

儿子早上起床磨蹭已经是老生常谈的事了。上了初中，因为邻居王家的孩子也在吉大附中，所以我们每天早上一起走。我常对儿子讲：让人家送咱就已经挺不好意思的了，我们如果迟到，于情于理也说不过去。也许儿子太累了，每天早上起床都很耽误时间。

我心疼儿子，但心疼归心疼，还是要和孩子讲清楚道理。

孩子总是孩子，问题总会发生，家长晓之以理、动之以情、及时引领适时提醒，一切都会向好吧！

8. 小叛逆

2014年3月22日。

我一直很害怕面对孩子的青春期，总觉得这里边应该有很大的学问，所以一直很是忐忑。

"妈妈，上了初三后，我总觉得自己和以前不一样了。""为什么呢？""我总在想，做学生十二年，总不能一直循规蹈矩地过吧，总得犯点小错误吧？我们楼的值周生是初二的，于是我特意不走要求的路线，特意不带胸卡，反正他们也不敢管我们初三的学哥。"看着儿子昂着脖子，可以想象出他走在初二学生面前那份得意的样子。

"妈妈，你说要不哪天咱们也迟到一次？做学生一回，连迟到都没有过，你说是不是遗憾啊？""你觉得你能做到吗？""为什么不能呢？""你自己想吧。""啊，我想明白了，我没起床，奶奶就会问，你怎么还不起来啊，快点吧，会迟到的。然后，我说不用早去，奶奶就会说，那你不早说，我都给你做好饭了——看来真是没办法迟到啊！"

儿子自编自演，推算到最后的结果就是根本没有办法迟到："那就算了吧！""你怎么那么有意思，你很想违规一次吗？妈妈帮你请假好不好，不去了行不行？""那也不是犯错误啊？""你说怎么办吧，妈妈都支持你。""没有办法了，还是做一个好学生吧。"儿子的话让我觉得这可能就算是一次青春期的小叛逆吧？

对于教育，我一直借鉴大禹治水的理念。我对儿子就是以疏导为主，没有硬性地让他做什么，或者不让他做什么。孩子都有自主意识，未来独立的他们自然会"见招拆招"。孩子的青春期并不可怕，可怕的是我们与孩子没有相互理解，也没有正确的"耦合"方法。

9. 愉快的周末

2014年3月28日。

这一周一点空闲都没有，不记得自己具体做了些什么。

2014年3月22日，星期六。儿子晚上回来显得很疲惫："爸爸妈妈，我什么也不想做，就想着看过《快乐大本营》后休息。""没问题。"儿子快乐地看着节目，我的内心虽然有一点儿想法，但没有打扰他。

2014年3月23日，星期日，儿子一天足不出户。他先是在电脑上尽情地玩起了足球游戏，继而写了一会儿作业，又安静地在自己的屋子里补看了周五直播过的《我是歌手》第二季，我和他一起品味和欣赏，可我的内心是不平静的。按理说，这个周末愉快又充实，但我的内心却充满了忐忑，因为我知道他们下周五，也就是3月28日，要进行新学期的第一次大型考试。我不知道他是怎么想的，但看到他这样子，我也就没说什么。既然他玩，就让他高高兴兴地玩，这就是我的原则。玩就开心点，学也开心点！

暖心帖

经历就是财富。有经历，有反思，才能见证自己真正的成长。

10. 心中的声音

2014年3月31日。

这个周末儿子过得比较惬意。周五考完试后，能感觉到他疲惫后的放松。按常理，刚刚考完试，他是应该彻底休息的！他却对我说："妈妈，周末考完试，我得把那些题做出来，要不就失去意义了。""好啊，那你不累吗？""没事，一会儿就可以做出来了。"

周六吃完早饭，他走进了我们屋。"妈妈，你在看电视剧吗？""是的，有事吗？""我想玩会儿游戏，就踢球的那个。""玩倒是可以，可你一直在和我说你要做题，不知道还做不做啊？"看到儿子不太高兴，我无奈："你自己决定。""我还是做题去吧。"儿子的内心在犹豫，他心中有一个声音在催促他与玩游戏的渴望作斗争。我不知道这样的斗争会持续多久，这样的胜利会有多少次。

"那我去做题啦，妈妈，你看电视剧吧！"最后看到的是儿子调皮的笑脸。他能这么快调整过来，我很开心。他在慢慢地长大，我们随时的提醒会给孩子更多自我塑造的机会。

7点半左右，儿子乐呵呵地过来了。"我以为有多难呢，其实那题也就那么回事！"儿子学什么都是这样子，只要他认真了，就会觉得事情一点都不难，从儿子学钢琴、学英语、学奥数，到目前为止，我没看到有什么事情能难住儿子。

其实，这也是一种思维习惯，在他的心目中，就没有不会的事情。天下无难事，只要肯登攀！

11. 教育的反思

2014年4月17日。

好多人认为我的教育还算成功，但其实是有一定的缺陷的。

读了复旦大学历史学系教授、上海视觉艺术学院特聘教授、中国文化书院导师、北京电影学院客座教授钱文忠老师的话，我的内心产生了很大的震撼。

我们现在都说要培养孩子的自信心，赞扬他、鼓励他，这是对的，但是不能过度。在这种教育下的孩子将来到社会，他面临的反差足以把他摧毁。我们应该告诉孩子，这个社会是残酷的，要准备着会受到很多委屈。

我没有告诉儿子社会的残酷性，我教给孩子更多的是理性的思考和一些正能量。我知道这样很可能让孩子在某些时候"吃亏"，但我不想在孩子幼小的心灵里播下不良的种子。

生活的大环境总有一些负面的信息充斥着孩子们的生活，如果我们不给孩子一些正能量，孩子的希望在哪里？我担心孩子的心理状态，担心孩子找不到理想。可如果给予孩子的都是正能量，一旦遇到这些冷酷、冷漠的事实时，一旦孩子受到很多委屈的时候，他们应该怎么办呢？

确实像钱老师说的那样，十五年来，我给孩子的全是鼓励、赞扬和理解，这是不是过度了？一直生活在这样的环境里的孩子，面对挫折时，一定是很难承受的，这是我一直存在的心结。我一直在思索如何采取积极的措施，努力解开这个心结。

我想：对孩子最好的教育应该是理智的思考，让孩子学会积极地面对生活。

生活中会有很多无奈，但我们可以用更乐观的态度去面对。教会孩子去面对要比孩子不去思考、一味忽略更有意义。也许有一天，我们的孩子可以有意识地改变这个世界上一些不美好的东西。无数个这样的孩子可以改变世界。我相信：星星之火，可以燎原。

借用钱老师的话，我希望我的孩子是这样的：我现在只希望孩子生理健康、心理健康。孩子考不考取国内的大学无所谓，我只希望他生理健康、心理健康，好好过完这样一辈子。这才是我们应该培养的合格公民啊！

12. 感悟

2014年4月21日。

　　我做了二十年的班主任，带了上千名学生，一直以来有一些想法、启发，但难得有时间将它写下来。今天我将一点关于游戏的感触诉诸笔端，也许会给大家带来一点益处吧。

　　我们缺少对网络游戏的正确认知，家长以为只要是网络游戏就不应该让孩子玩。其实，这是不对的。网络游戏的确让很多青少年甚至成人误入歧途，但它也是当今社会重要的娱乐工具和社交工具，我们不可能让孩子脱离社会，所以我们应该允许孩子玩，但一定要定立规矩、着重执行、科学引领。

　　很多家长面对孩子要玩游戏的时候，直接说"不"，可是结果怎样呢？孩子玩得导致厌学，甚至于失控，为什么？物极必反，这句话我想每个人都懂，我们不应该一味地对孩子说"不"，而是应该有限制地给予玩游戏的自由。

　　有了一定的规定和限制，可以让孩子接触、了解游戏，但家长一定要及时引导，让孩子从正确的角度去认识游戏的利与弊。对任何事情，我们都应该教给孩子正确处理问题的方法，而不是一味地去要求他们做或不做，引导要比强行要求更好。

13. 尴尬

2014年4月25日。

　　589.5分，这个成绩是让人很纠结、很尴尬的。如果说差很多，也就认了，可就差了0.5分，真叫人尴尬，班主任刘老师如是说。

　　儿子自己都觉得很无奈，但他的心态好："我继续努力吧，还是学艺不精啊！好在还在前五里边，要不会痛苦万分的。"儿子每每到这样的时候，总会露出自己的小牙，乐呵呵的。

　　尴尬的事还会有的。上初三以来，儿子对于足球不算痴迷，也差不了太多。回家看足球，在学校踢足球，上车谈论足球，下课也在调侃足球……体育或者足球有这么大的魔力吗？

　　买完足球鞋后，儿子就只穿了一次。那是一个周末，儿子与学校里的球友组织了一场球赛，丈夫也和他们一起踢了。平时儿子踢球都是在学校里，这就面临一个很严峻的问题：踢完球的球鞋味道太浓，应该放在哪里？就这个问题，我们一家三口,讨论了很多次,还是没有结果。

今天,儿子实在是忍不住了,"妈妈,你说我用袋子系上口,别人还能闻到味吗?""那得看你的味有多大了,这个不太好说。""可我脚上的鞋太薄了,一踢球,就像是用脚直接在踢,太疼了。""那你就装上鞋,回来之后,一定要换一双新袜子,然后把装鞋的口袋系好,这样避免尴尬。""好的!"

看到儿子尴尬的表情,我都有点想笑。我记得我班里的学生踢完球的时候,鞋直接放在班里,鞋臭四散,可儿子总在想着别人,我喜欢他这种做人的方式。

我总说:"臭小子,臭小子,不臭怎么是臭小子呢?"但他还是觉得这事会很尴尬,好在他今天决定把鞋带去了,万事总有头一回吧?

我们要让孩子不断地去经历和体会,让孩子在各种事情中学会接受、学会处理、学着长大!

14. 再心急也要平静

2014年4月28日。

这个周末,我过得并不舒服,但儿子则相反。

从本周开始,儿子没有了晚课,周六周日休息。听起来是很爽的事情,但对于我来说,无疑会产生很多的担心。其实,我不太喜欢这样,因为我知道,孩子的学习是需要环境的,更应该有一定的时间保障。我想孩子的快乐不只是拼命地玩,关键是孩子要懂得快乐的意义、快乐的方式、快乐的真正内涵,更要明确生命的意义。

不上学就是快乐,我不这样想;孩子玩就是快乐,我也不这样想。喜欢玩的孩子,可能会玩,可能玩得快乐;喜欢学的孩子,却可能体会书中的快乐。每个孩子都有自己的快乐点。

儿子往往是在学得很充实之后,再去痛快地玩,而且基本上是我们一起互动。我觉得这样的生活才是快乐,但前提是应该先做好自己的事。

但儿子的这两天,过得有点太放松了。

周六,儿子八点起床,这是我要求的。我觉得儿子太累了。当前一天儿子说准备七点起床的时候,我说还是七点半吧,儿子不太好意思地说:"太奢侈了吧?""那就八点吧,好不容易睡一个懒觉。"儿子乐了。"好吧。"这晚他睡得好踏实。看着儿子睡觉的样子,我有时候真的心疼,孩子休息得太少了。

儿子踢了一下午足球了,晚上又玩了电脑游戏,接着看了《快乐大本营》,这一天儿子玩得很开心!

周日上午儿子去考试,下午回来做题、洗澡、看电视,感觉很放松。

我看在眼里，急在心里。当然，也可能不差这一两天，但长期这样下去肯定是不行的。

今天早上，我和儿子说："儿子，五一假期有点长，你看是不是把自己的计划做得紧凑些，最后我们一起玩一玩，你说行吗？""我会的，妈妈。"看到儿子心里很有数，我放心了。玩点儿是正常的，成年人不也是如此吗？

暖心帖

偶尔的放纵是可以的，但一定要及时约束自己。想学坏容易，想学好很难。生活时刻都要有规划，否则就会浪费很多时间。

15. 教育有感

2014年5月1日。

今天和朋友交流教育孩子的心得，我感觉我没有她付出的多。用她的话来说：孩子就是用钱堆起来的，父母一生的希望都在孩子身上，所以孩子的成绩一旦有点儿波动，最先承受不了的不是孩子，而是她。

我知道这类家长有很多。我很佩服这个朋友对孩子的付出，但我不太认可她的做法。家长的压力大，孩子的压力更大，当她们孤注一掷的时候，我觉得她们缺少了一种理性的思考，一旦有一点闪失，家长和孩子都很难接受。这是一种爱的泛滥，后果不堪设想。

爱确实是教育的前提，但绝不能急功近利，我们要学会理解、宽容和等待。

理解，就是要站在孩子的角度考虑问题。我们要了解孩子生存的环境，理解他们的想法，无论发生什么，我们都应该从理解的角度去看这些问题。比如就像现在很多"90后"和"00后"，都在谈论着同性恋的问题，而且这似乎是一种时尚。我们怎么可能谈及这些呢？更不要说去接受这些观念了！可如果家长尝试理解现在孩子的想法，孩子就愿意和你交流，你就可以做出正确的引导，从而让孩子在偏颇中找到正确的方向，否则你连和孩子交流的机会都没有。

宽容，就是要允许孩子犯错误。犯错也是孩子成长的机会，付出代价也会带来收获。可你对孩子的过分责备，会让孩子来不及反思自己的问题，只是想如何去应付你，这样孩子的错误就白犯了，用老话来讲就是孩子会在同一个地方摔几个跟头，那是不值得的。我们的宽容和正确的引导会让孩子在犯错后快速长大，而很多家长却和这些机会失之交臂。

等待，就是要学会等待孩子长大。每个孩子生存的环境不同，所以孩子的成长有早有晚。对于成长早的孩子，我们需要让他自己品味人生、体验生活，让他在经受挫折之后能够成熟、独立，学会在生活中成长。对于成长晚的孩子，我们要学会等待，他们的心理年龄与生理年龄不一定相符，有些孩子即使到了18岁也像个小孩子，我们要有耐心，诚挚守候，静待花开。

16. 孩子的幸福人生

2014年5月13日。

人们总在问：幸福是什么？

但是，谁又认真地问过：孩子的幸福是什么？

幸福的定义很模糊，但实际上也很简单：做有意义的事，让个人的价值有所体现，当我们回首自己人生的时候，有着美好的记忆。我觉得这就是幸福。

有些家长实际上是不了解自己的孩子的。玩只是孩子宣泄的一种方式，不是他们的幸福。孩子们是需要自我价值的体现的，是需要精神寄托的。孩子还是应该压力大些，将最大的潜力挖掘出来，这样才算实现了人生的价值！

其实，孩子在学东西的时候，只要他高兴，他是不觉得累的。想一想现在的学生，他们每天要上多少小时的课，而他们学到多少？他们为什么累？是因为他们没有成就感和存在感，没有感觉到自身的价值。如果他们吃了很多苦后有了好成绩，自然就会从学习的辛苦中体会到幸福的甘甜。

孩子的幸福应该是辛苦之后的收获。我们要让孩子们知道：没有付出是没有收获的，没有收获就是没有幸福感可言的。

孩子有了这份认知，学习就变成了一种优秀的习惯、一种前进的动力、一种收获的希望、一份厚重的幸福！

17. 多愁善感的小伙子

2014年5月21日。

我觉得儿子今天有点累了，他上车时缺少了些喜悦。

"很累吗？"

"我感觉今天没意思，没活动，没自习，不是上课就是考试。"

"那你说怎么办？什么事有意思，咱们就去做。"

"我觉得有意思的事就是踢踢足球、看看书、听听歌、弹弹琴、看看《快乐大本营》，是不是有点多？"儿子做了个鬼脸。

"可实在是没有时间。不过还行，也没什么太大的事。"

"没事。如果有需要，我们一起来调整，怎么样？"

"好啊。"

"妈妈你说的很多话，现在看来真的都是对的。"

"怎么突然有这样的感慨？"

"当初读小学时，我们同学们多要好啊！可现在遇到的时候，有的都不认识了。想一想，人生六年在一起，可现在的关系却是这样淡，你说将来的初中同学会不会也这样啊？"

"人这一生会接触很多人，不过能够深交的不会很多，将来你步入社会后联系最多的可能就是大学同学了。人生中大多事不像自己想象的那么美好，没有那么十全十美的。"儿子颇为感慨。我知道儿子的小心思，儿子是一个特别重感情的人，小学时他是班级的核心，那时候孩子们都围绕着他转，现在想一想也难免会有一种失落。

"其实现在你的好哥们，将来都会是你的好朋友，说得功利一点，都是你的人脉。你们是有实力的一群人。""真希望我们高中也能在一起，这样，我们在一起相处六年，像亲兄弟一样。"听着儿子的话，我感受到的是现在的孩子内心对友情的重视。

"你们这些兄弟和同学，只要你真心对待，将来都会是生活的好朋友、事业的强助力。""希望真的是这样。"

多愁善感又有独立思考的小伙子——我的大宝贝儿子！

暖心帖

对孩子的情商教育是在潜移默化中进行。每一件事，每一个点都可以切入，教育无时无处不在。

18. 父母是儿子的榜样

2014年5月22日。

听着儿子自豪的声音，我可以这样说：我们夫妻给儿子做出了榜样。

"我们今天周考，我的作文写的是你。我写了好多好多……""有很多值得写的吗？""是啊，太多了，我觉得爸爸妈妈很优秀。""真的假的？没忽悠我？"儿子的崇敬之情溢于言表："这是真的，我写了很多称赞你的话，可还是觉得写得不够好。"

我对儿子的付出没有白费。儿子说自己中考时，如果题材允许，他的作文一定要写爸爸，他要把爸爸对自己的爱全部写到作文里去。

"妈妈，你一直说一定要做一个好人，我也在这样做着。""是啊，妈妈一直在努力，无论是为人师、为人妻、为人母、为人子女，我都会努力去做好，替别人多想一些。""妈妈，其实你很厉害的，你除了付出爱之外，我觉得你还很能忍。你真的很伟大。""儿子，其实那不是忍，那叫作包容，爱一个人意味着理解和包容。你说呢？"儿子若有所思地点了点头。

我们在十字路口看到这样一幕：一个中年男人用手牵着他满头白发的妈妈，正在慢慢地过马路。

"儿子，你看，多幸福的画面！""应该说是妈妈多幸福！""难道做儿子的就不幸福吗？"儿子看看我："儿子也很幸福，多大岁数都得有个妈啊，况且这种天伦之乐不是每个人都能享受到的，你说是不是？""对啊。""做人要孝顺，孝顺才有机会享受母爱，这份爱普通、简单、又伟大！"

无论是自己的事，还是看到身边的事，我都会融入到对孩子的教育中。我觉得对孩子的教育应该是每时每刻，应该渗透到每一个眼神、每一句话、每一个动作里，让孩子去体会父母做人的原则和道德水准。

我们总在抱怨孩子不懂事、缺少信仰，可我们做父母的给了孩子什么？我们很少从自身的角度去问这个问题，这不正是我们教育中最失败的一步吗？

教育要从点滴小事做起，父母是孩子的榜样，是孩子最直接的老师，这种影响是什么都改变不了的。

我特别害怕家庭教育的缺失会导致负面效应，害怕教育会出现"5 + 2 = 0"的现象：学校用5天教育，结果回家2天一下子打回原型。

家庭教育是教育的根与希望，父母的教育对孩子起到了至关重要的作用，学校、家庭和社会的共同教育才能让孩子健康快乐地成长、成才。虽然社会中有很多不可规避的负面因素，但学校和家庭的教育在一定程度上是可控的！

教育的良性循环至少要有家长更多的付出。

做孩子的榜样，做孩子身边的老师，我们就会收获成才的孩子，更会收获丰盈的幸福！

（暖心帖）

身教远远胜于言教。家庭教育是教育的根，根深才能叶茂！

19. 骨子里的小本分

2014年5月26日。

周五接儿子时，儿子的兴奋让我觉得超乎寻常。

妈妈，今天我要告诉你两件事：

第一，周日七点半开家长会，应该是报考的事。这个事很重要，所以先说了。

第二，我现在情绪很不好，因为老王太过分了，居然让用一节课的时间答完中考的题，那是一定答不完的。我从来没不交卷过，可今天我没写完就交了，作文草稿还没打完就下课了。我没交作文，但卷子交了，觉得不交卷就有点太过分了。

儿子骨子里永远是个本分的孩子，但他在青春期里，总是有着一点点的小叛逆的。

"可以理解。没有太多的时间，老师又想练习，自然就要紧凑一些。况且对付什么事应该用相应什么办法，既然老师让练习速度，那你不打草稿就可能有机会答完，你说是不是？以后你遇到类似的事要学会变通。如果要速度，你就想办法快。比如今天，你写作文不打草稿交上去，可能会得十几分，但你不交一定没有分，你说对吗？大考时也可能面对这个问题，你觉得呢？"

"我知道。不过今天我有点生气了。明明知道答不完，还给那么点时间。"

"你也不用生气，明天认真补上，别惹老师生气，经这一事，可以知道解决事情的办法，这也是件好事，对吧？""那倒是，我知道怎么做了。"

儿子总是会很快就释然，我喜欢儿子的这份淡然。

20. 成长中的儿子

2014年7月5日。

作为母亲，我必须要反思了。

这两天发生的两件事，让我不能不进一步思考一些问题：

第一件事就是儿子和同学在一起吃饭，姚同学的家长问儿子有没有什么忌口的。我随口对姚同学的家长说，我儿子就是肉食动物，爱吃肉。结果，为了给儿子做肉，他们特意做的肉菜，多次给儿子夹肉。这回儿子可不干了。

"妈妈，你能不能不给人家添麻烦，人家准备饭已经很不容易了，你怎么还向人家提条件呢？"

我有点蒙了，怎么回事？你不是很挑食吗？怎么突然这样了呢？

"我没说什么啊,只是在他们问伙食有没有忌口的时候,说你爱吃肉啊。"

"妈妈,我长大了,我什么都可以吃的,况且如果不好吃,我就当减肥,反正我也觉得自己太胖了。妈妈,家长都那么不容易,我吃什么都觉得好吃。"听了儿子的话,我的心里满满的都是感动。

"好的,以后妈妈什么也不说了,明天妈妈就告诉他们,你什么都吃,你可以没有肉吃。""这还行。"看着儿子满意地走了,我真的觉得儿子长大了。

第二件事:我觉得儿子应该是到了逆反期,所以我做好了准备,一切都不能冲动,要冷静。

由于周五我要开会,所以没办法送儿子去上课,我就想让韩同学的妈妈接他一下。可他马上否定:"不用,我自己打车走吧。"他现在听到我的要求,尽管反应不是很强烈,但我能感觉到他第一反应是不同意。"为什么?""那不得早起来10分钟嘛。""儿子,妈妈觉得早10分钟和晚10分钟都没什么区别。""不一样。我就自己打车。"

我什么也没说。回到家,儿子看我还没有笑脸,对我说:"妈妈,我懂了。你想,我才十五岁,我不得想一会儿才能想明白吗?"儿子看着我笑了。"你想明白什么啦?""早去10分钟可以去做点题,还有打车也可能不方便,早上还不一定能打到。""儿子,其实赚钱也不容易,大家都是互相帮助的,我们有事麻烦他们,他们有事也麻烦我们。关心是相互的,只给予别人关心,不接受别人关心,人家心里也是不好受的。再说了,这也是节能的一种方式啊,明明可以开一辆车,为什么一定要让两辆车跑在路上呢?还有,这也比较安全,要不妈妈还惦记你。""我知道,妈妈,我想明白了,刚刚不应该那样拒绝。""没关系,但你以后再遇到这样的事,就可以全面地想想了。我知道你不自私,但你如果总在付出,一点都不接受别人的爱,那这份爱就快消失了,你想是不是啊?""也对。"儿子做出思考状。

21. 自信

2014年7月6日。

今天儿子的心情看起来还是不错的。

"怎么?今天没被物理题虐吗?""没有,你没看出我的心情很好吗?无论是数学题,还是物理题,做得都好爽!我低头做题做到第8页,发现有一个题不太会,一抬头,看看左右,发现他们都在第6页的位置,我爽坏了!物理题也是,做得十分舒服。"这就是儿子,做题也可以做到很舒服,他的思维很有意思。

早上,儿子和我交流了很重要的一个内容。

"妈妈，你说人和人真不一样。某同学没做出物理题，他就不会很闹心，我觉得是因为他不在意。有些人似乎没有什么目标，走一步看一步，所以他们活得不累。你说，活得有目标是不是会很累啊？"

"儿子，人活着就应该有奔头啊。有个努力的方向，我们才知道我们应该付出多少。学习本来是件很辛苦的事，一旦有了目标，努力实现的过程将是一件很有意义的事，是一种乐趣。当我们能把学习当作努力的方向，学习就不会累了，你说对吧？"

"那倒是，有个目标就有了方向，所以我觉得吃三年的苦没问题，不就是三年吗？"

"我知道，你一定会很累，但努力付出是值得的，只要你愿意，妈妈会全力帮助你。"

"我能行，没问题，这点事儿我还是可以坚持的。"

无论遇到什么事，到目前为止，我看到的都是儿子脸上满满的自信。儿子能吃得了苦，我觉得儿子将来什么事情都可以做到。

"说真格的，你去电视上参加海选，看有没有机会选上？""妈妈，我一定能选上，你儿子唱歌多好听啊！如果现在没有机会，以后上大学，校园里都会有歌手大赛，到那时候我再唱歌也不迟啊！"

儿子唱歌让我痴迷，他的歌声不是用嘴唱出来的，而是用心唱出来的。我特别喜欢他唱歌，我觉得他也有机会成为歌手，可现阶段我不敢让他太分心，人啊，很难十全十美！

儿子的自信，让我明白了，孩子长大了，他有属于自己的天空！我会创造所有的机会让他在自己的天空中翱翔！飞得更远、更高！

暖心帖

孩子的品质习惯的培养是教育的基础和重心，而成绩只是一个呈现形式。

（六）提升力是幸福教育的至高境界

在精神品质上，我们应该让孩子有所寄托。每个人都应该有目标、有信仰，有精神上的依托，这样，才能活出人生的精彩。

如果我们从精神品质上提升了孩子，孩子们会有自己的追求，有自己的方向和目标，也会找到自己想做的事。

人在精神上的追求要远远高于物质上的追求，提升孩子的幸福指数，是对孩子最好的教育。

1. 珍爱生命

2010年4月22日。

玉树，这个美丽的地方，让我对生命产生了一种新的认知。

珍爱，这个词无数次与自己的学生讲过，可现在我才知道，这个词也应该用来勉励自己。我和儿子交流了玉树地震中的瞬间，与儿子讨论了对生命的感悟：每个人都应该珍惜来之不易的生命，每一个人都应该尊重生命、敬畏生命！

珍爱家人，珍爱自己，珍爱和你长久相处的每一个人，珍爱每一个生命！

为自己认识和不认识的每一位朋友祈福！

2. 儿子的执着

2010年12月3日。

儿子做事有自己的原则，而这个原则就是那份坚持，那份执著。

不知道从什么时候起，儿子胖了，但越发地可爱了，可也有些笨笨的感觉，让我觉得这都是自己的罪过，可又觉得不对，我是胖，可我不笨啊，于是谅解了自己。

昨天晚上去接儿子，看到儿子十分疲惫，脸上带着的都是些勉强的笑意。

"怎么啦？""有点累。""买个糖葫芦吧。""好哇！"

看到儿子认认真真坐在车里摆弄着糖葫芦，那副老老实实的样子，我还真有点不习惯。

"妈妈,红灯了,你吃一个。总共六个,咱俩一人吃三个吧!""你爱吃,就自己吃吧。""不行,妈妈,你也爱吃的。"于是儿子用小手,扒开皮,送到了我的嘴里。我知道自己有人疼了,疼孩子就是在疼自己啊!什么叫反哺,我懂了。

"我今天踢毽子,一分钟踢了35个。""你太厉害了!这么短的时间就会有这么大的进步,我真的服了。"

这事要从大前天晚上说起。儿子说:"妈妈,教我踢毽子呗,我们要比赛了,有16人报名,多了一个,明天要下去一个,总不能我下去吧?!你教教我吧!"我一看表,九点十五了。"儿子,那楼下怎么办啊?""可你明天有晚课,只能今天晚上教了。"

没办法,我到处翻,终于找到了一个毽子。看到儿子一下都踢不上的样子,我笑得不得了。但儿子仍认认真真地踢着。"别练了,能行吗?""没事,我们报名的时候,我说我能踢一个,我问他们,他们有的说一个也踢不上,那我不就可以上了吗?我们老师说,不是连续踢多少,而是在一分钟之内踢多少,只要努力还是可以的。"看到儿子认真的样子,我没有办法再去打击他了。一个,掉了,一个,又掉了,……一小会儿的工夫,儿子满头大汗,我看在眼里,疼在心里,"别练了,睡觉吧,明天还得上课呢!""妈妈,你帮我分析一下,为什么我踢不了几个呢?"看到儿子那么认真,我指点他:"注意高度,注意方向。如果方向正确,离你很近,高度够的话,有时间挪动脚步,不就可以踢到了吗?""我试试。"看到儿子不厌其烦的样子,我服了。在很多事上,我都能在儿子身上看到这两个字:执着。我真服了。

他是累了,但他用自己的努力换回了班级的荣誉。他是一个负责任的孩子,我想,不管他将来考到哪里,不管他将来怎样,我觉得他会生活得很好,至少很幸福。

我知足了,真的很知足。

暖心帖

　　幸福应该是每个孩子成长的终极目标,也是我们每一名家长应该送给孩子的真诚的祝福。

3. 儿子的幸福生活

2011年11月25日。

儿子说:现在上学好幸福啊!!在班级太幸福了。

看到儿子脸上的真诚和幸福，我终于放下了一颗悬着的心。

一直担心，儿子在吉大附中会不适应，会感觉太累，从而厌倦了。可现在他居然说在这里幸福得不得了。

为什么？

因为这里有对手，因为这里有竞争的气氛，因为这里有有共同话题的朋友，因为这里有那么多优秀的同学。一直以来，儿子对周围的同学都是心存感激、期待。和同学在一起对对子，一起争论各种问题，在一起打闹，一起PK各种事情，那是特别开心的事。

而在家里，早上起床就是洗漱、吃饭，然后就上学了，晚上回来，吃饭，做作业，练琴，吹笛子，洗漱，又睡觉了。虽然很是自由、民主，但也没有和自己谈得来的同学。没有玩的时间，没有其他的娱乐，所以还是没有在学校在自己的班级幸福！

幸福是因为有朋友、有竞争。听到儿子的幸福观，我真的很开心。

儿子的幸福，我喜欢！

4. 妈妈，我也想考第一

2011年11月25日。

来到吉大的第二次月考成绩出来了，成绩并不好。儿子的神情不好，但我觉得不应该这样，因为一直以来，我们都在做他这方面的工作，让他能够接受一切可能出现的问题，然后正确对待，进而改正。

我们认为他的成绩已经很让人满意了。因为在小学的时候，尽管他在班级总是前五名，可那都是平行的班级，从年级的角度来看也就是10多名，或者20多名。而现在的班级是实验班，这个年级只有两个实验班，实验班的名次某种程度上就是年级的名次，最主要的是别人都学过初中的课程了，而儿子一节初中课都没上，这能没有差别吗？我告诉儿子，现在你也许是年级10多名，或20多名，但上初三的时候，你一定比他们强，因为你那时才是和他们站在了一个起跑线上了。儿子认真地听了，也接受了现在的名次。

早上起来时，儿子说："妈妈，我们班曲同学这次考了第一。上次他在班级考了四十多名，说没考好，所以这两个月每天都努力学习，11点多钟才睡觉，然后这次就考第一了。妈妈，你说我这样的话是不是也行啊？"

看到儿子那充满壮志的神情，我心里有一丝的喜悦和一丝的疼痛。"儿子，妈妈不希望你以牺牲自己的健康为代价来考第一，妈妈希望你健康！""可妈妈，我也想考第一啊！"看到儿子倔强的神情，我的心里好感动，又好疼啊！

儿子，妈妈要的是你健康幸福！

5. 神一样的存在

2012年7月27日。

对于儿子，我一直都在不断地重新认知当中。

钢琴10级对于我来说，简直就是不可能的事。

我一直想跟着儿子学琴，跟了两天发现，想学会那是不可能的。人怎么可能那么灵活地支配自己的十个手指，还每个手指动作都不一样。我真的觉得那不是一般人做的事。

我坐在儿子后边，看着儿子练琴，十个手指在琴键上飞舞，那些音符在指尖流淌，我看儿子的眼神只剩下了崇拜！

我是做不到的。儿子每天坐在琴前至少六个小时，一直在反复弹奏着那些曲子，熟练得不能再熟练了。原来音乐真的是在最辛苦的付出之后，才能展现出最美的灵魂。我在儿子的手下听到了，是因为儿子付出了太多的辛苦与努力。

我坐在儿子身后，看着儿子，激动、感动、崇拜，各种情感五味杂陈。那么小的孩子，从四岁开始学琴，快十年了，这是怎样的一份坚持！

他喜欢自弹自唱，无论多难他都没有放弃，有这份坚守，做什么都足够了。这是青少年们最应该具备的一种品质，这也是走向成功的最优秀的品质。

6. 其实坏事完全可以变成好事

2014年3月4日。

以前儿子上学是坐邻居的车，最近变成了我送孩子上学。时间很紧张，每天在路上的时间也多了些，开车的时候要比以前快了好多，我似乎更需要注意安全了。

昨天是第一天我们三个人一起上学的。出门的时候，看到儿子着急的样子，我都感觉很奇怪，对儿子而言，着急似乎在他的字典里是没有的，可今天早上，他居然催促我们快点。太稀奇了！

我们出门的时间好像要比以前略微早一些。主要原因是儿子变被动为主动了，这给我带来的欣喜是巨大的。

今天早上，他居然比我们两个快了，看来，是因为生活过得太安逸了，他没有危机感，所以不着急，但一旦存在一些不确定的因素时，他还是很着急的。

我们不想让他倒车，怕早上耽误太多时间，所以我们把他送到 9 路公交站点，然后我们就上班了。儿子到校会打个电话给我们。他又多了一次观察社会的成长机会。我喜欢这样的生活，可能紧张了些，但真的是好处多多啊！作为父母忙点就忙点吧，无所谓的，再忙又有多少天啊！中考就剩下 100 多天了，离高考也就 1000 多天啦，珍惜吧！

记得昨天，我和儿子说："太好了，我们又多了聊天的时间了。""那是。"儿子笑眯眯地说，"不过，可不能唠糊了，那我这一天就废了。""你考虑没考虑早上的效率，如果需要再早点，我们就再起早一点儿，直接把你送到学校。""你咋那么有意思呢？我早上可不是都唠嗑了。""我没说这事，你呀！"我们三个都笑了。"完了吧？有话柄落人手了吧？"我哈哈大笑，"那不是个事。"看到儿子满脸的笑意，听着他俏皮的话语，我真的很开心。

原来，坏事带来的好处多了，完全可以变成好事的。

7. 男孩的野性

2014 年 3 月 12 日。

儿子一直都显得弱弱的。他是一个弹钢琴的男孩，他是一个打羽毛球的男孩，他还是一个打乒乓球的男孩，但很难把他和大球运动联系在一起。儿子一直缺少点儿大球的竞技体验。

不知道从什么时候起，儿子开始热爱上了足球。因为他近视，度数有点大，我总觉得这样对抗性强的运动不适合他。但他在同学交往中发现，喜爱足球的人太多了，如果一点都不参与，和同学没有共同的话题，就只能远远地听着、看着人家在兴致勃勃地聊天，于是儿子中午也和人家去踢球了。

儿子做事的认真让我觉得有点惊讶。他会到网上去学一些规则，然后在家里练习一些脚法，有空就看看本来不太懂的足球赛，他也会了解一些有名的球员，然后自豪地告诉我：我也可以参与到他们的话题里了。他还专门要求我们领他到迪卡侬买了专业的足球鞋。对事情的认真态度，儿子无可挑剔。他的努力，我也是看在眼里的，儿子其实做什么都很努力。但儿子缺少一种比赛的过程，缺少一种竞技的心态。

结果在上周，他被不太懂规矩的孩子又推又绊，摔得身上青一块紫一块的。儿子说，他的鼻子流了一天的血。我很心疼。我都想去质问那些学生了，可听到儿子的话，我觉得儿子长大了、成熟了。

"那几个人太不讲究了，他们不懂足球规矩，简直太野蛮、太可怕了。""那你可以不踢啊。""那能行吗？我每次都祈祷和他们分到一组，这样就不会挨踢挨打了。""反正这种球就是这样，对抗性强，一定会有身体的接触，而且力量都很大，受伤的可能性也很大，所以得有心理准备，要不就不踢了。""那不行。要不我就下次跑得快点，练习一下自己的技术吧，免得总挨摔。"

看到儿子一瘸一拐走路的样子，想着儿子的鼻子出了一天的血，我觉得儿子有了男孩子的野性，他不再是以前那个什么都不太涉及的孩子了，这其实是我想看到的。因为他过去太理性了，但男孩子总得在骨子里有一种精神，一种不怕苦，不怕痛，不怕流血的精神，这样才有可能有一种抗挫折的能力，才能成长得更快更好！加油，大儿！

8. 大胆的借用

2014年3月28日。

昨天儿子回家时，我告诉儿子，我真的想让你看几句话，不知道会不会对你有很大的刺激，但我觉得太适合你了。

"你确定对我有好处？""也可能有坏处吧？"我坏坏地一笑，"哼，那我就不看了，看你怎么刺激我？""不过也没那么严重，只是应该有点作用。你听听，我给你读读，好吧？""好的。"

"你懂得胸怀天下却做不到卧薪尝胆，立志异常坚定却难逃现实诱惑，看得见远处的山却看不见脚下的路。有时把执迷不悟叫执着，有时把自我满足当自信，有时自以为是的人能够拯救别人拯救世界，到头来成了自身都难保的过河泥菩萨。有时，真正弱点百出还不以为意的'伪高手'，成为荒废机会还自鸣得意的可怜人。"

"太像我了，这也太经典了，这不就是在说我吗？有那么多的相似啊！这真是神来之笔啊！""妈妈只是觉得，你应该反思一下，因为你的心很高远，所以妈妈不想让太多的东西束缚你。""确实对我有用啊，我得好好想想。谢谢妈妈！""不客气。你一定没问题的。"

儿子高高兴兴地去睡觉了。我不知道这个借用对他是否有用。就这样把握每个教育的机会吧！

9. 快乐的愚人节

2014年4月2日。

愚人节那天，儿子早早就做准备了，想愚弄别人一把，可自己还是没有防备到位。

放学的时候，看到好几个大男生站在那里，一脸的无奈。其中就有儿子。

"怎么啦，儿子？""没事，被人愚弄了。""不能吧，我儿子那智商，怎么可能呢？""他们太狠了，居然从数学老师那里拿来一些卷子，说是数学作业。我们都没有任何的怀疑，认真地做了，结果刚刚放学，他们居然说那不是作业，我们都要疯了。太气人了！"看着儿子一脸的不服气，我说："那你们就没做打算？你们可以明天和柏老师说，让他讲这些题，不就把那些愚弄你们的人愚弄了吗？""不敢啊，谁敢和老柏说啊。没事，反正不也没什么损失。"看着儿子这么容易平静下来，我很是开心，他是开得起玩笑的孩子。他的幸福就在于他内心的宽大和包容。

真的很羡慕学生时代，他们可以不受任何拘束地去做很多事情，这是应该珍惜的一份情谊啊！儿子大气了许多，他长大了！

暖心帖

精神引领是孩子们最为缺乏的，精神成长在孩子的成长过程中是至关重要的。

10. 爱在心中

2014年4月9日。

最近这段时间，儿子一直在打车上学。这两天他一直在说一个司机，今天早上终于遇到了，儿子觉得很开心。

据儿子讲：这个司机是桃花苑的，他每天早上都在小区门口等活儿，如果有的学生在6中或在108中学，他就会捎他们去上学，五元打车钱就不要了。儿子说，他问过这个司机：你总这样不要钱的话，靠什么生存呢？司机说，不总是这样，每周做几次这样的事，其他的还是照常收费，因为他也要生活。

妈妈，我很羡慕他的生活，他可以让自己无声无息地奉献爱心，他可以做自己喜欢做的事，还不影响他的生活，这样的生活多好啊！每个人都可以这样的话，也许我们每天都会很开心，不是因为省了多少钱，而是给大家带来了方便。

我很喜欢他这样的生活态度。我知道，有一种爱一直在儿子的心中，他从来都不是单纯地考虑自己。他给自己的定位就是能为社会做点什么，也许不会做出多么轰轰烈烈的大事业，但他一直在努力做。他说他要回馈社会，要做一些公益。无论是教学生，还是对身边人，我都努力传递爱与善良。现在，显然爱已经扎根于儿子的心中了。

这是我的梦，也是儿子的梦！有梦想才能实现！加油！

11. 这样才是男孩子

2014年4月30日。

这段时间，儿子对足球的迷恋已经达到了一定的程度。

昨天接他的时候，他上车就告诉我，踢球时，脚踢出了大泡。"你会不会嫌我臭啊，我脱鞋给你看看。""不用了吧，我们先回家。如果需要的话，用酒精好好消消毒。""也好。你猜我鞋放哪了？一点儿味儿都没有。""不知道，放书包里啦？""一点儿味都没有的。""我换袜子了，我还是很注意的。"

回到家，我才发现他脚上的泡好大啊，有大拇指肚那么大，都白了，显然出了很多汗，但当时一定会很疼，他居然挺住了，这可能就是男孩子吧。我帮他剪了下来，好大的一片肉皮啊！以前他破一个小口都大喊大叫，现在好勇敢。

他挑青菜挑得厉害，吃一个婆婆丁叶子，就大喊着："妈妈，我吃青菜了，我还吃野菜了。"难道男孩子就是肉食动物？这也是男孩子的特色？调皮的儿子，真是让人没办法。

他有自己的主意，自己的想法，自己的坚持，自己的忍耐，自己的喜好，自己的担当。这就是男孩子吧！

12. 心存感恩

2014年5月5日。

春雨是喜雨，可对于早上上学的儿子来说，就不尽然。

早上出门前，我给儿子拿了厚一点的衣服。

"我觉得你应该多穿点，妈妈不至于给你找冬季校服，但你还是穿厚一点吧！自己定吧。"我把找好的衣服给他放好，看到他还是穿上了，只是似乎不太情愿。

我们站在大门口等出租车，等了10多分钟，还是没有车。"幸亏我穿得厚，不然还真有点冷啊。"儿子看着我，带着笑嘻嘻的表情，"还是妈妈英明。"他做了一个鬼脸。我打了他屁股一下，说："你就不知道表扬妈妈一句，要不是我，你是不是会挨冻啊？"我们闹了一会儿，还是没有车来。我内心很矛盾，送孩子吧，我们两个都会迟到，不送吧，打不到车。

正在这时，一辆黑色的汽车停在了我们身边，车窗摇了下来，露出了一张女子的相对年轻的脸。"送儿子上学吧？这天不好打车，是去吉大附中的吧？上我车。"

我一愣，内心一阵犹豫："啊，是的。"我打开车门，看到后座上坐着一个穿吉大校服的男孩子，感觉没什么危险。"儿子，上车吧，谢谢你啊，真的很谢谢你。"吉AL××××，我记下了车号。

说实话，儿子上车后，我心里很是后悔。社会很乱，我把孩子送到了别人车上，要是被人拐跑了，自己图啥呢？我心里一直在忐忑着，儿子今天也可能是忙忘记了，也没给我打电话。我实在坐不住了，给班主任发了一条短信：麻烦老师了，我儿子今天早上没有打到车，是坐一个陌生人的车上学的，不知道到学校没有？谢谢。老师很快回信息了：早就到了，你儿子那么聪明，一定能找到学校的。

我放心了。我感谢善良的人，但我还是有份担心，不是我不相信别人，实在是发生在身边的坏事太多了。

但我还是心存感恩，感激遇到的好人，我自己也要坚持做一辈子的好人！无论过去、现在、还是未来！

13. 儿子昨天15岁

2014年5月7日。

为了给儿子送生日礼物，我绞尽了脑汁，还是没有想到多么合适的东西，最后送了儿子两个球。足球，是目前儿子的最爱。握力球，儿子总想锻炼，觉得自己的力量小。晚上我们又买了蛋糕，做了好多好吃的。我们拍了合影，我爸爸说从今年开始，爷三个每年这天都要照一张相，很快就会是四代人了。

文科生的思维不能这么限于物质，我觉得儿子的生日更应该有精神上的大餐。于是码字是我对儿子最好的祝福。

很难想象，人生就这样匆匆而过。十五年，对于一个人的人生来说，是很漫长的时间，但对于我而言，我觉得十五年匆匆而过，所有的付出，收获的就是一个大大的宝贝，我的儿子……收获足矣，人生满满。

我和你开玩笑，说是女生给你做的好吃的，你奶奶信了，你竟然调侃奶奶说：什么都信，我总不能现在就给你带回个曾孙子吧？

说实话，15岁，对于一个孩子来说可能不算什么，但我觉得儿子在这15年中带给我太多的幸福与欢乐，我有好多话想对儿子说。

15岁，一个可以让人羡慕的年龄，你可以大胆地做着自己喜欢做的事，你有自己的资本，就像现在的你，可以拼命学习，只为自己心中的梦想，可以为歌痴狂，只为你自己心中的快乐，可以为球疯狂，只为你男孩的狂野。你的心，妈妈懂。这是15岁的张狂，你拥有。

15岁，一个可以让人有很多梦想的年龄，一个有资本拼搏的年龄。你努力，不畏辛苦，让自己与众不同，让自己付出比别人多得多的汗水。你在15岁这一个可以有梦想的年龄，为自己大胆地设计了前行的目标。这是15岁的梦想，你一直在规划你的人生。

　　15岁，一个可以让人撒娇的年龄，让你觉得你还是孩子的年龄，可你却让自己的心里装下亲人，装下朋友。你朋友的父母会为你做好吃的饭菜，只为是你的生日；你的朋友会为你送上礼物和祝福，只为是你的生日；父母和爷爷奶奶会为你送上更多的祝愿和期待，只为是你的生日。这是15岁的人生，你懂事，你有情有义。

　　15岁，人生15年，你付出了很多，也收获了很多。你养成了学习的习惯，你体会到了知识的甘甜；你学会了做人的道理，你知道了当学生的快乐；你尝到了人生的种种滋味，你收获了亲人和知识带给你的幸福！

　　儿子，人生总要拼搏，人生总需要我们努力，妈妈爱你，你是妈妈的骄傲，妈妈永远支持你！祝福你，我最爱的儿子！

　　写完这些，我还是认认真真地给儿子发了一条短信：大宝贝儿子，生日快乐！

暖心帖

　　提升素质是家长必须要做的，只有让孩子的人生人格有高度，孩子才会成人成才！

14. 一身正气

2014年5月8日。

　　这两天我心里很不平静，原因无他，只是因为前两天在比尔森烤肉店门前被贴了条。

　　我生气了。门前停了很多车，不知道是否全贴了？感觉是看着我进超市的门，然后贴上的，仿佛就是找事儿一样。我停的地方是一直以来有很多人停车的，就在被贴之后，我每天仍会看到二三十辆车在那里停着，没有人贴条。

　　被贴当天，我和宏伟还有儿子大声宣泄了一番。

　　"你看这些警察，其实挺烦人的。他们就知道罚钱，我一看他们就来气。""你是不是没去交警队吵？""没有啊，如果去，我就会说我是王晨宇的妈妈，我就是来吵架的。""你可别说，太丢人了。""逗你呢，我都平静了，不想去吵了。""不是你平静了，那是因为那天你和我，还有爸爸都吵起来了，所以不需要再吵了。不过你也不能对人家警察有成见，他们罚钱也不是为了自己。""怎么不是为了自己呢？

103

他们每个月都有任务的，他们有奖金的。""不可能，他们罚钱是要上交的，都是交给国家的。""你太单纯了，他们至少是要有提成的，有一天，我看一个警察在民丰街上贴条，边贴边乐，那不是给自己弄奖金吗？""他没准是因为家里有喜事，所以他才乐了，没准他中了500万，想做完工作就回家不干了。总之，你的想法是不对的。""没和他们的利益挂钩，他们不会那么卖力。""你的想法有问题，要是不多给钱，你就不多给学生上一会儿课吗？罚钱是警察约束你们开车人的一种手段，他的目的不在这儿，他只是做了他们要求做的事而已，如果你单位要求你，你也会这样做的。你不要先入为主地去想……""妈妈错了还不行吗？你应该用你奶奶那个方式，说不过就用'不知道'。"儿子被逗乐了："不知道，反正你不能这么想。""我知道了。"从来没有想过，儿子会用他的言论来征服我，而且让我这个教语文的老师心服口服。

想想儿子小时候和爷爷争论按交规行走的问题，我明白了，在儿子骨子里有着规矩二字。

我服了，他的正直十分可贵，让人珍惜。他看到的一直都是人性光辉的一面，因为他的内心永远都是阳光的。

15. 震惊——感人

2014年5月29日。

昨天儿子在学校做了一件让我震惊的事，让我的眼中充满了泪水。

"妈妈，今天我和几名女同学找校长谈话了。""什么？出什么事了吗？"我震惊了，作为中国传统教育下的孩子，作为一个从来都是循规蹈矩、不犯错误的孩子，去找校长谈话？

"为什么？"我真的很好奇。

"没什么事，我们看老师太累了，所以去找校长谈一谈。"

"就这样？谈了什么？""我们向校长介绍了自己，然后和她讲，我们班主任老师太累了，她的压力太大了，学校可不可以不给她那么大的压力，老师太不容易了，我们的老师那么好，不用再要求她什么了……"听着儿子的话，我的双眼模糊了。有这样的学生太幸运了，有这样的儿子更幸运！

今天校长和我提及这事，还谈到了自己内心的感动："你儿子太懂事了，我真的发自内心地觉得怎么能有这样的好孩子。"

"我哭了，我觉得我有这样的学生足够了。"这是他们的老师今天给我打电话时说的。我也特别感动，如果在国外，这可能是很平常的事，但这是在中国，儿子又是一个本本分分的孩子，他能够体谅关爱老师，勇敢地向校长发声，我觉得让我又高看了儿子。

16. 儿子的正直

2014年5月30日。

"妈妈，你批作文的时候一定不要看名字，否则同学们会觉得你给我批得高了。我们还要把前20名区分出来，老师要进行专门的作文辅导呢！"

"儿子，你太不了解妈妈了，妈妈做了这么多年的语文老师，这个度还是可以把握的。""我知道，可我还是觉得你应该公平些，这样对大家都公平。""傻孩子，妈妈会的，你们都不容易，妈妈知道的。"

听着自己的嘱咐被妈妈记住，儿子开心地笑了。他总是这样，是一个心地很正直的孩子。等他长大时，我会告诉他要变通，但现在还为时过早。

今天我把儿子的作文拿到了学校，同办公室的人一起给了儿子很高的评价。儿子的作文真的写得很好，这个我心里还是有数的。只是他想更完美一些，所以才拿来让大家提一些意见。办公室的人也认真地看了，他们说咱们的学生要能写这样的作文就好了，可见他们对儿子的评价之高。

而且儿子的字也很好看、很成熟。

祝福儿子，愿中考创辉煌！

17. 点滴生活

2014年6月2日。

5月31日是我妈妈的生日，我们全家和亲戚去饭店吃饭。大家见识到了儿子的高大，男孩子的优势一下子就显现出来了。儿子在全家人里是最高的。而且儿子现在也是学习让人省心的孩子，很听话，很懂事，但又不缺少调皮和闷骚，时不时憨憨地说一句话，就能逗乐大家。他和姐姐们拍着卖萌的照片，这才发现原来他的脸这么大啊！不过，儿子的祝福语还是应该提高一下整体水平，可能也是这样的场合说得少吧？还得练啊！

儿子心思很细，给姥姥送了个生日礼物，是一只小老鼠玩具，看着妈妈抱着老鼠时高兴的样子，我才知道：老人和孩子是一样的！

吃完饭，因为三姐把车胎刮坏了，于是大家给车换备胎。"妈妈，我头一次看换胎，你让我看完再回家吧。"

我发现了，就没有他不感兴趣的东西。儿子前后跑着、看着，也不知道他在看什么。"这还是头一次看人换胎，挺好玩的。"反正就没什么是他觉得不好玩的。

6月1日那天，我居然忽略了一件事：给儿子买礼物！太不可思议了。这完全不是我的风格啊！尽管这一天，我的身体一直像中暑了一样，十分痛苦，但总不能忽略了儿子啊！"儿子，妈妈欠你一个礼物。""是吗？""'六一'的礼物。""不过了吧？算了吧？"看着儿子的样子，我都想笑，那个小样儿，我总得"保持晚节"吧，"等妈妈辅导完高考就给你补。""好。"儿子真的长大了，他不再是那个期待"六一"的小孩子了。

儿子的三天假期，一直在按照自己的计划走，很潇洒自在。他看了足球比赛，看了《快乐大本营》，玩了游戏。"妈妈，你说我是不是太轻松啦？""你自己看，如果觉得轻松，自己加点量也可以，自己的事情自己做主吧。""明天我得找找状态，找找感觉，做些题，后天就考试了。"这是儿子在放假第二天说的。他有自己的想法，我总觉得强行管着他也不会有太好的效果，不如锻炼一下他的自制力吧。

18. 中考趣事

2014年6月27日。

语文似乎是可以让每个人都可以很开心的学科，高大的儿子乐呵呵地走出考场，我听到别的家长说：你儿子总是乐呵呵的，总那么阳光，真好！

是啊，我没太多追求，开心阳光就好，这一点儿子做到了！

走在南湖边上，呼吸着雨后的空气，几个孩子在前边热火朝天地聊着，几个家长也在唠着嗑，偶尔拍个照。宏伟说不像考试，倒像来旅游。

儿子躺在宾馆的床上，看了会儿书，就睡着了，似乎不那么踏实，偶尔动一动。等我把他叫起来时，他一下就精神了。

"妈妈，我没睡够这个床，晚上还在这睡吧？"

"臭小子，咱们得回家，东西都在家呢。你不是没睡够这个床，是你太累了，没睡够，考完就好了！"

说实话，儿子太累了！我很心疼。加油！宝贝！

19. 悲惨世界杯

2014年7月2日。

世界杯赶上了中考，所以，小组赛时，儿子每天看新闻，看最佳进球，听球场趣事，讨论哪个球员。本以为考完可以看淘汰赛，可又感觉看不动了。

看来只能看半决赛和决赛了。不过，看他现在的状态，估计只能看决赛了。

悲惨的世界杯！

说实话，我很佩服儿子的理智，他做事总会分清轻重主次，在学习和看球之间，他选择放弃看世界杯，这就是他最让人放心的地方。

这让人心疼，也让人感觉他就是个小大人！

加油，儿子！

20. 人生没有永远的精彩

2014年7月9日。

儿子很闹心。中考成绩离他自己的定位差了四五分，这是没有办法的事情。

儿子早饭都没吃，用他的话说就是：吃不下！他自己找衣服穿的时候，穿了灰色的一件。

"你不是昨天穿这件了吗？今天换一件吧。""妈妈，我没考好，今天只能穿这件灰的了。我说过，我要是考好了，就穿黄的。"我没说什么。这次考试，用他自己的话讲，考得太垃圾了。

"妈妈，你说是不是我太顺利了，所以中考让我遇到点挫折。""儿子，怎么能这么说，其实考得挺好了，妈妈十分满意了。最重要的是妈妈看到了你的努力，所以妈妈觉得特别好。"

"可我总觉得有点遗憾。""儿子，人生没有永远的精彩，怎么可能什么事都会像自己想的那样呢？如果都会如此顺畅，那我们只负责设计人生就可以了。"

"可是，我不但设计了，我也付出了，所以我不应该考成这样的。""误差肯定会有的，笔误，批卷，运气，方方面面。在这样大的人生事件中，当实力差不多的时候，更多看机遇和运气。""可我不太甘心，考得有点丢人了。"

"傻儿子，不甘心就对了。但不丢人，我们这么阳光，这么努力，我们都靠自己的实力在打拼，怎么算丢人呢？最多是我们觉得不太理想而已，你的定位不对啊！但妈妈还是喜欢你这种不服输的精神。你还有更精彩的在后边，你还有高考，最终应该赢在高考，那是人生更大的一次考验，可不能让自己留下遗憾了。我们一起努力吧！"

"好吧。"儿子看起来没什么兴致。

从昨晚我就看出来，儿子很担心，毕竟在他的人生中，是第一次遇到这么大的事。查分当天，自己定的闹钟，4点钟就起床了，说是看德国队和巴西队的比赛，但我觉得他更是因为听说早上四五点钟能查分，他才睡不着的。

儿子的内心我很了解，他是不开心，但他会更加努力。我相信儿子会在高中生活中创造更多的精彩！他会有一个不一样的人生！加油！宝贝！妈妈为你自豪，妈妈为你骄傲！无论考多少分，你都是妈妈心中最优秀的！

人生没有永远的精彩，但人生可以有更多的精彩！

21. 男孩需要竞技

2014年8月3日。

亚泰客场3∶1赢了恒大，今晚亚泰主场迎战恒大，儿子跃跃欲试，和宏伟去了现场。我希望儿子能被现场所感染，那是男人应具备的热血情怀。

亚泰2∶1赢了，儿子说：从长春人的角度，应该期待亚泰赢，但从理性分析上，应该恒大赢。但今天是在现场，所以我感受到了长春人的热情，我全力支持亚泰。这就是现场能给人带来的影响和震撼！

曾经在儿子发着烧时，我带他看了亚冬会的冰球比赛。在现场时，爱国的激情在我们内心澎湃和燃烧。尽管那场比赛输了，但儿子知道，没有人能改变心底对祖国的热爱。

儿子需要竞技运动的洗礼，那是男孩的斗争与拼搏，那是男孩的激情与胸襟，能推动孩子走向成熟！

（七）尊重力是幸福教育的保障

我们应该学会尊重孩子。

很多家长把孩子永远只看成孩子，忽略了孩子内心的成长，这可能会铸成大错。我认为，尊重是教育中不可或缺的。

1. 失职的妈妈

2011年3月2日。

我知道，儿子一直都以有这样一个妈妈为荣，以有这样一个妈妈而开心，可我真的没想到自己居然是一个失职的妈妈。

几天前，全家人坐在桌前吃饭。

"学生刚开学，很累，做一名学生可真是累啊！""可不是，还没调整过来。""其实咱们也都没调整过来，还是慢慢来吧。"我和宏伟闲聊着，旁边的儿子一直没太说话，这有点反常，以往他都会参与讨论的。

"妈妈，其实做你的儿子才不容易呢！"听到儿子这句话，我当时就有点傻了。

"为什么呢？""你看，只要你一上班，你就说你累，晚上回来就告诉我，'妈妈累了，先睡一会儿'，于是家里就变成你躺在床左边，爸爸睡在床右边，我独自在中间看电视的局面。不然就是你到十点多钟才回来，我都已经睡了，第二天早上起床，你已经上班了。"我看了看儿子，看了看宏伟，什么也没说。

是呀，我一直在努力地让自己做一个出色的妈妈，可在儿子逐渐长大的过程中，我忽略了一些他的感受，这不是失职是什么？尽管无论几点到家，我都会去儿子屋里看一看他，可正像他所说的，他已经睡着了。尽管，我每天下班都会检查儿子留在桌子上给我们看的作业，但还是忽略了儿子的感受。

好多年，我不再与儿子去文化广场放风筝，好多时间，不再与儿子去电影院看电影了，好多年，没有领儿子去外地旅游了，总之，我知道了自己的失职。我下定决心一定会在儿子的成长中，努力让自己做好。

2. 我为我的选择而欣慰

2011 年 10 月 22 日。

很多时候，我都是担心着的，那是一种让自己都莫名的感觉。

对于许多老百姓而言，孩子就是生活的全部。想让孩子长成什么样子，那就得看家是什么样。我们不能忽视这种耳濡目染的影响。

小学时，我们选择了一个实验小学，花了择校费。我没有心疼，没有后悔，因为我认可了这里的教育，在这里儿子阳光、健康、快乐、幸福地成长着，我知道，我的选择是正确的。

当儿子要上初中的时候，就出现了很多不同的声音：你家孩子应该去哪一所学校，应该怎样怎样。我很茫然，我不知道应该怎样，但还不至于不自量力到考上免费名额也不去的程度，于是怀着忐忑的心情决定了孩子的去向。

等儿子军训回来上了一个多月的课之后，我的心终于踏实了。

我一直很自负的一件事就是自己是一个不错的班主任，尽管我没有得过任何的荣誉，但我觉得有老百姓的口碑就足够了。我可以让每一个家长把孩子放心大胆地交给我，我可以让每个孩子做到最好，我可以像对待自己的孩子一样对待每一个孩子。我无愧无悔，这就是这么多年来我一直坚守的理由！

我一直不相信还有像我一样的班主任，但后来我在儿子的班主任身上看到了一样的坚守。我知道儿子是幸运的，我也知道了为什么这么多年吉大附中有那么多非议，可学校还一直那么优秀：他们有着优秀的教师团队，有着优秀的学生，那怎么可能不出成绩呢？

我真的为我的选择而高兴！我们不用再患得患失了。

3. 释放

2012 年 6 月 22 日。

现在儿子是压力最大的时候，我们不能用太多的关注与语言来影响儿子自己的成长与判断。他需要自己进行调整与安排，他需要自己进行梳理，这是给孩子自我成长的空间，也是让孩子思想成熟必须经历的一个过程。这是必需的一种尊重。

帮助孩子最好的办法就是不过多去关注，因为孩子本来压力就大，如果家长再过分地关心，只能让孩子觉得越发紧张。

孩子还小，13 岁，我还不想让他承受更大的压力，但面对现实问题，一定要想办法解决，否则当问题失控的时候，想改变就已经来不及了。

4. 榜样的力量

2014年2月20日。

走出班级的儿子满脸的兴奋，似乎有一种说不出的高兴。

"太好了，我觉得刘恒宇的做法很有用，我想那么做。""你看他们，状元有状元的理由，他们当年真的是往死里学啊！""那你觉得你学的程度呢？""和人家一比，我就像没学习似的。""人家那才是学霸啊！""学习就是生活的全部，人家学习都是老师和校长一个劲地催着回家，也不回。""人家考折了一科，最差的一次排在年级第70名，那就算人家遇到的最大打击。"

儿子絮絮叨叨的："他的做法我觉得不错。妈妈，我也想这么做！""你觉得可取就那么做，但要高效才行。""那是。都是为了做得更好嘛！""他的做法中让我觉得最可取的就是每天都对自己做的题进行总结和思考，把不会的及时解决掉，把自己的毛病在这样的反思中不断改掉。这对我还是很有用的。我有时候做题太慢，然后就没有按计划完成。如果有这种督促机制，我觉得我能改掉不少毛病。""那太好了，你可以执行。妈妈支持你。""那再麻烦妈妈回家帮我看看今天的内容呗。""臭小子，你好快啊，今天就弄了啊？""对啊，如果你看着好的话，麻烦你帮我打印吧，可以省一点时间。""好的，只要你说的，妈妈一定会帮你。"回到家里，看到了儿子写的那张纸，真的是很认真，确实很实用。

"儿子，你先睡吧，妈妈帮你弄，明早你再看。""谢谢妈妈，妈妈晚安！""晚安，儿子！"

想着儿子的认真，看到儿子的努力，我觉得自己太开心了。一生中难得有一个这样的孩子，让你放心，让你省心，让你开心，让你觉得生活中总有希望，让你每天都能感受到一份惊喜！我知足啦！

(暖心帖)

对孩子最大的尊重就是让孩子自己做主，他才能有充分的积极性与主动性。

5. 珍惜孩子的每一次机会吧

2014年2月24日。

听着儿子憨憨的声音，我觉得儿子已经是个堂堂的男子汉了。

在微信里，孩子的声音确实让我觉得他不再是个孩子了。他成长的速度，让我觉得来不及细细回想，他就长大了。

2月20日，周四，儿子有些感冒。开学第一周我的疲劳全都化作了一股火，外加儿子考试成绩的巨大落差，让他一下子就蔫了不少。"妈妈，我好像发烧了。""应该没什么事，不过，你要太难受，明天咱们就不上晚自修了，正好明天有《我是歌手》第二季，你喜欢的，对吧？"我向儿子挤挤眼睛。"太过分了吧？"儿子歪过脖子看了我一眼，"没你这样的妈吧，请假回家看电视，是不是太过分啦？""不过分，反正你的学习让妈妈那么放心。没事，也就一次两次的，放纵一下也行吧。""不行，还是上晚修吧，有点太吓人啦。"看到儿子正儿八经的样子，我发现他真的长大了，连你想惯孩子的机会，他都不给你了。

周五晚上，年级前60名上课，结果数学柏老师居然压堂40分钟。

"妈妈，课上得很值啊！他在这种情况下讲的内容和在班级还不一样，真的觉得有很大的收获。"看到儿子很兴奋的样子，我觉得儿子似乎天生就是块学习的料，听到好老师讲课，他就会特别兴奋："妈妈，你知道吗？一个年级2200多名学生拼命学习就是为了听柏老师的课、刘老师的课、于老师的课，你说我们多幸运，有这么多好老师。我可不理解了，我们班的学生还有不好好听课的，不知道珍惜！我可得珍惜。"听着儿子滔滔不绝的话语，我觉得做一个这样的听众真好，这真是一种享受！

儿子最经典的一句话，让我彻底无语了。"某某某老师是我听过课的老师中应该是水平不是太高的老师！"

"为什么？"

"在他们的学科里，他是最没威信的人，也是最没名气的人，讲课水平也是一般。"

"有没有名不代表水平，没准人家什么都不要呢？"

"据你了解，他是什么都不要的人吗？"听到这句话，我有点蒙了，儿子怎么会懂这么多，居然会看人了。"确实啊，他不是那种什么也不要的人，你太厉害了！"

"别看我小，我还是能看懂的。"带着点自豪，儿子仰起头，得意地看着我。

"你真长大了，儿子。"

暖心帖

尊重孩子还要学会倾听，尊重孩子的想法、观点，助力孩子人生的成长。

6. 错误是在所难免的

2014 年 3 月 3 日。

周六儿子开家长会，这是年级前 260 名单独开家长会。反正不是前 60 名，就是前 260 名，要不就是前 300 名，直到你报完志愿为止。这种洗脑会是无休止的。你不知道他会不会讲一些有意义的事，于是只能一直认真地听到最后。

我看到了其他家长脸上的无奈，我也坐在这些家长之中。这群人都是因为孩子很优秀，所以才能聚到一起。家长看起来形形色色，让人觉得孩子的成功教育可以存在于任何环境之中。

家长会终于在 6 点半结束了，儿子出来得很慢，这种磨蹭的性格让我觉得很难容忍。我没对此说什么，和儿子谈论着。"这下全泡汤了，本来想领你去看电影，或唱两小时歌，可这个点儿，我们只能回家了，真是太烦人了。""就是，同学有先走的，我还在底下做作业了呢。"交流的氛围还是很愉快的。

到了车上，我问："今天学校有没有什么有意思的事啊？""没有，不过就是我早上到校，让老王给说了，因为我们几个同学说小话。""啊，你早上到校还说小话，有个词语叫'慎独'，知不知道？""我不知道，别说了。"

儿子的态度突然发生了 180 度的大转弯，我觉得自己没说什么啊，可能是我的态度不对，"什么叫别说啦？"

"就是不说了。"

"有问题怎么能不说呢。"

"都说一天了，我一天都在反思，为什么还要说呢？"

"你反思一天，我也不知道啊。"我的声音越来越大，"有问题不怕，可总得从正面分析问题啊！我并没有说什么，你那叫什么态度啊？什么叫不说啦？"

"可我自己都反思了，我就是不想说。"

"那你还说不得了？你爸和你说，你也不太接受，我和你说还不接受，那是不是以后的事我们就不管了呢？"

他觉察到了我的语气中的怒气，婉转了一下："那倒不是，可这两件事都不是你想得那样。"

"那是哪样啊？"

"爸爸那件事，他说要提前起床 10 分钟，我就想在车上先睡一会儿，补觉。"

"你这是强词夺理，车上能睡什么觉。再说了，你什么时候上车是这个样子了？你有没有想过，爸爸会多难过。本来高高兴兴去接你，你却是一张这样的脸，你不觉得影响全家人的心情吗？你回家时一副不高兴样子，爷爷奶奶舒服吗？"

"那我也不是故意的，我就是困。"

"怎么就偏偏你爸和你谈完就困呢？你觉得说得过去吗？你有意见可以发表，但不能用这种方式，大家有事可以交流啊！"

"那刚才我也不是态度不好，王老师今天一直在说，然后找借口压了一个小时的堂，你说我心情能好吗？然后我也反思了，所以我觉得不用你说了。"

"可你得解释清楚才行啊，我怎么能知道这事你是怎么认识的，老师又是怎么解决的？"

我们俩整整谈了一路。

我告诉他："错误可以犯，你自己想想，你也犯过大小很多错误，你自己回忆，爸爸妈妈是严厉地批评过你还是骂过你？或者打过你？都没有。每次我们都是和你交流，分析对错，分析问题出在哪里，然后怎么去改，所以犯错误不怕，改了不就完了吗。"

儿子说："我这段时间压力也很大，所以也需要发泄。"

"我知道，所以我想领你出去唱歌或看电影。我能理解，可我不能接受你这样的态度，你想想，你的言谈举止都会影响咱们家人的。你怎么样妈妈都可以接受，我们可以帮你找任何渠道，去做任何事。你想想，爸爸妈妈什么时候不理解你？不让你去做了？甚至包括电脑游戏，你想玩，你爸给你下软件，你不愿意自己玩，你爸陪你玩，你用这样的态度对我们俩，你觉得合适吗？"

儿子是一个很感性的孩子，哭了起来。

"妈妈真的很心疼你，但有些问题一定要做正面的分析，至于你能领会到什么程度，那就看你的情商了，但我和爸爸还是一个原则：让你懂得怎么做一个好人，怎么把路越走越宽，如果爸爸妈妈仅仅停留在学习上，你得让爸妈多省心，多自豪啊。但妈妈更希望看到一个全面发展的孩子，更希望提升咱家的幸福指数，咱家每一个成员都很重要。"

"其实你想想，如果我们五个人中有一个人心情不好，大家是不是都会受影响？大家是不是都不开心？"

"我知道，我懂了，妈妈。"

又和孩子谈了几个话题，看到儿子脸上露出了笑容，我知道，这事过去了。

孩子犯错误是难免的，有错误是正常的，但一定要让孩子懂道理，同时让孩子学会调整心情。每个人都会遇到问题，解决后就要尽快调整，才不会影响生活。其实生活很简单，那就往简单了过。我告诉宏伟，孩子可以批评，但一定要让他最后开心点，宏伟还是认同这一点的。儿子性格很阳光，我想和这么多年我们的这种教育方式有关吧。

当然，有些时候我也觉得自己太啰嗦、太强势，这也是需要调整的。

7. 伤感

2014年3月12日。

有些话题儿子说出来，我一点也不奇怪，但这个话题在他嘴里出现，我觉得很有意思。

"妈妈，今天我真的觉得很伤感。"这是周一在接儿子回来的路上，他沉闷了很久之后和我说的话。

"为什么？"

"以前没发现，今天老王（英语老师）说，今天这个单词的讲解是你们最后一节记笔记了，这是初中最后一节详细讲解的英语课了。总觉得她当初说的话就在眼前：初中英语的学习贵在坚持，一定要跟着我记笔记。那是三年前入学时的话啊，可一下子就到了他说最后一节课、最后一个单词的时候，我真的觉得很伤感。"

"没事，老师不还在给你们上课吗？"

"是啊，以前总觉得她爱占自习，爱唠叨，现在怎么觉得有那么强的失落感呢？其实一想她真的是为了我们好。谁像我们这些老师这么努力啊？"

听着儿子絮絮叨叨的话，想着儿子内心的那份不舍，我真的很开心，儿子是有情有义的孩子啊。"没事，你好好学，好好考，这就是对老师最好的回报了。""是啊，以前不知道，现在才明白，什么叫'失去了才觉得遗憾，拥有的时候不知道珍惜'啊。"听着儿子的感慨，我真的感谢这些老师，让孩子成长，让孩子明白更多做人的道理。

"儿子，其实什么都一样，我们拥有的时候往往都不知道珍惜，像我们周围的人，包括老师、同学、亲人和朋友，其实每个人都有自己的善良和长处，我们要珍惜他们，以后才不会留下遗憾。特别是你可能会有青春期的小叛逆，这一时期就更不能和父母、爷爷奶奶有争吵了，不然以后多后悔啊！""没事，这些对我都是小事，自己控制点不就完了吗？"看到儿子自信的娃娃脸，我觉得很满足。

这就是一种小小的幸福吧。

8. 有感于《目送》

2014年3月12日。

短短的一篇龙应台的《目送》，今天重读，我体会到了人生中更多的内涵：我慢慢地、慢慢地了解到，所谓父女母子一场，只不过意味着，你和他的缘分就是今生今世不断地在目送他的背影渐行渐远。

看到这些话，我内心一痛，想起了我的父亲母亲，父亲当年送我上学的身影仿佛又浮现在我的眼前，想着每一次从家里离开的时候，母亲都是望着我的背影，和我重重地说声"再见"，"见"字那么重，蕴含着对下一次见面的期待。想起公公婆婆每天在我们上班的时候，都会在门口看着我们一直到楼下，才回到屋里。每天晚上回家，都会看到他们期盼的眼神，直到最后一个人回来了，他们才放心地回到自己的屋子里，安心地看电视。

原来，人与人之间就是这样的一种缘分、一份牵挂！

近两周让我更加体会到了为人母的那份酸涩和牵挂。我真的很感谢我家的邻居，他为我送了将近六年的孩子，在儿子邻近中考的时候，他家的小孩学习不太理想，所以他去读"一对一"了。这给了我一个机会，一个每天看着儿子上学的背影的机会：儿子，把耳机拿下来一个，要不路上会不安全，路上一定要多加小心啊！每天下车时，我都要嘱咐他，其实是不用的，他比我高很多，一米七八，他比我壮很多，身躯能把我装下，可我就是放不下当妈妈的这颗心，直到儿子的号码在我的手机里显示出来，我才能安心地坐在车里，想着自己的学生和今天一天的事。

想想人的缘分，不免更觉得应该珍惜，儿子再有三年就上大学了，我还能送三年啊。当孩子的翅膀硬起来后，我们就要忍着痛，让他们去奋斗去拼搏，我们就不能再成为孩子的羁绊啦！

珍惜与孩子的每一天！珍惜你身边的所有！

分享一段话：最好的人生是没钱人追求富贵，有钱人追求素淡；没事业的人拼命奋斗，有事业的人总想退出。每个人想要的东西都不同，但历经沧桑后你会发现，真正好的人生，无非就是一家三口，父母双全，儿女健康，生活安稳，岁月静好，平平安安地过好每一天！

9. 一次不尽人意的对话

2014年3月28日。

2014年3月25日，星期二，在儿子和我之间，发生了一次不太尽如人意的对话。

晚上我没有去接儿子，是宏伟去的，儿子回来后，满嘴都是抱怨：历史老师因为家里孩子要去北京参加自主招生面试，把课时全都给了英语老师，可英语老师自己的课不上了，把自习全占用了，作业都写不完了，哪有时间复习啊。马上要考试了，可真受不了这样的老师，我都没时间看错题，怎么复习，怎么考试啊？真气人！看着吧，以后的历史课，英语老师还是会占的，她会把所有的时间都占上的，真来气！

"你可以自己抓紧时间啊，把零碎的时间都抓起来，反正也是看错题。""哪有零碎的时间啊，你听听，老柏会说，下课把这两道题做出来啊，一会儿上课就讲。哪个课间都是这样的。""要不那样也行，你觉得复习错题重要，你就适当地不听一些课，然后这两天处理一下错题，这样也不至于影响太大。""那不行，今天我在英语课上就是这样，结果下课英语老师就找我谈话了。"我的耐心有点到极限了："那你就随便考，考什么样都可以还不行吗？"我的语气有点不对了，我觉得儿子不就是给自己找借口吗？"如果你想考好，就想办法去做，要么去挤时间，要么就少听两节课，如果不在意这次考试，你大可不必发这些牢骚！"说完，我觉得自己很生气。"好好，那我就不说了，行吧？"儿子说。说实话，我特别不爱听的就是这句话，他不去解决问题，只嚷着"不说了"。"我只是想和你商量一个解决问题的办法，不说是什么意思啊？"说实话，教育真得需要耐心："那你就自己解决吧！"

儿子去洗漱了，和儿子说完"晚安"后，我总觉得儿子的情绪不对。过了两分钟，我去看儿子，发现他正在哭。"对不起，儿子，妈妈不应该和你吵嚷，可你总得自己想办法解决问题吧？""妈妈，我不是因为你说的话，我是觉得我需要发泄一下，就哭了，真和你没关系。""对不起，儿子，妈妈知道你很烦躁，但你想想你周末是不是没有完全在考试复习的状态，自己没安排合理，是不是自己就吃亏了？""我知道的，妈妈，只是我总得找个方式让自己缓解一下。""对的，在妈妈面前不释放压力，到哪里去解压呢？""其实我也是这样想的，所以我就在你面前哭了。"

看到儿子懂事的样子，我真的很心疼、很后悔，孩子在这样的高压下，我还这样真有点太过分了。"儿子，不要有太大的压力，其实校长都找妈妈谈过你的事了。不用担心，爸爸妈妈还是有能力让你上最好的学校读书的。""可人家签约完就不怎么学了，多好啊！"听了儿子的这些话，我就更不敢告诉他，他也有着落了，但是松劲的话是不能告诉儿子的。"没事的，儿子，签约就是张纸的事，人家认可的话，比纸更重要。你没有问题的。你在妈妈心中是最优秀的，一点问题都没有，别给自己太大的压力，听到了吗？"

给儿子擦了眼泪，我回屋后，发了好一阵子呆。孩子正在特殊阶段，我必须反思，正式地向儿子道歉。一定要让自己静下心来，生活才会更美好！我一定能做到！

> **暖心帖**
>
> 尊重是要学会安静地对待孩子，认同孩子的感受，学会向孩子承认错误。向孩子真诚地道歉，才是对孩子最大的尊重。

10. 心态很重要

2014年4月9日。

儿子最近这段时间，用他自己的话来讲，就是很不在状态，可能是考前的高原期吧？据说这次月考很重要，可儿子一点儿都没有紧张起来，考完后就觉得这次成绩不理想。出分后，他是班级第八名。好在没有掉出年级前50名，这个落差对他来讲不算什么的。

他还说，这些人都不是事儿，我这两天有点不在状态，过去就好了。

儿子就这点好，心态特别好，有事不用去劝他，一般都是他来劝我，感觉我比他都紧张似的。

这段时间他是比较放纵的，完全处在一种放松的状态。4月7日，儿子回家的时候几乎没有什么作业了。儿子吃过饭后，站在墙边，一直在那里磨蹭，似乎有话要说。

"你怎么啦？有事？"我看出来了他想说事，又不好意思。"我想下载点儿歌。""那就去吧。""还想……还想踢会足球。"那是一款在电脑上操作的足球游戏。"去吧，自己定时间。""啊，答应得太痛快了吧？我都不好意思了，那我是玩还是不玩呢？""怎么不玩呢？玩吧，反正作业也写完了。没事，去吧。"不过儿子跑过去的脚步并不是像那么愉快。果然不到一个小时的时间，儿子就不玩了，回屋做自己的事去了。

感觉儿子开始调整自己的松懈状态，虽然有些玩耍的想法，在被爽快地满足后，他反而停止娱乐去读书了。尊重孩子，让他可以感受到自己的被重视，更愿意配合家长教育。家庭教育中蕴含太多深刻的道理了。

11. 男孩的坚强

2014年4月11日。

记得儿子对于疼痛特别敏感，小时候每次洗澡都像上刑一样不情愿。但不知道从哪一天起，他不再是一个因为怕疼而大喊大叫的孩子了。

昨天晚上，儿子的坚强让我刮目相看。

他的脚趾甲一直有点内扣，导致大脚趾变形。昨天他还用这脚去踢球，回来的时候，走路都不利索了。他进门对我说："妈妈，帮我拿酒精和纱布吧。"接着儿子自己认真地把酒精倒到纱布上，努力地缠好大脚趾。"会很疼吗？""疼，不过还挺得住。"这要是以前，他连别人碰伤口都受不了，更别说自己处理了。看着儿子微微皱着的眉头，我知道他很疼，但他还假装轻松："妈妈，这个酒精是不是工业酒精啊？怎么皮肤有一种火辣辣的感觉啊！""很疼吗？""没事，一会儿就好了。"我很心疼，但我感受到更多的是儿子的坚强，儿子变化太大了。

不管他是1.78米的个子，还是思想深处的懂事，都表明儿子在成熟，在长大！

12. 儿子居然爆粗口

2014年4月12日。

儿子从小就不会骂人，这是我家家教的一个底线。没记错的话，应该是在儿子刚刚上幼儿园的时候，同班小朋友就有骂人的，我偶然听到后，告诉他这些话不能说，不好听，让人觉得是个坏孩子。当给孩子这样一个好坏的概念时，每个孩子都想做个好孩子，所以儿子一直能坚持不说粗话的原则。

上了初中后，儿子曾经和我交流过这件事。"妈妈，我现在偶尔也说点儿粗话，在那样的环境里，不说粗话有点太不合群了，这也是没办法。""没事，你自己把握度，其实有些时候是应该合群一点。"通过儿子的想法，我越发地觉得他的为人处事让我放心了。

昨晚去接儿子，儿子愤愤地从校门出来。"妈的，我就爆粗口了。作业也太多了！写不完！连政治都来抢课，疯了！""那就选择性地写，写不完我们就不写。"这是我作为妈妈历来的态度，有些事可放下就得放下。"可同学们都写完了，他们每节课都不听课，只顾写作业。我就这一个优势，总不能也不听课吧？"听着儿子的抱怨，看到儿子的无奈："你怎么做都行，只要你觉得还在你的节奏里。""可我一旦上课写作业，老师就点我名，别人都写，也不说他们，真气疯我了。""那是因为你平时都专注听课，冷不丁不听就特别显眼。你可以选择，很多事没办法做到尽善尽美的。""今天的八节课，老师们都是生气而来，生气而回，不知道怎么了？""理解吧，他们也许家里有事吧。""好吧，只能这样啦，不管啦！"

儿子开始听歌，和我们讨论哪首歌好听，哪首歌应该怎么唱、怎么欣赏。"儿子，你说，爸爸妈妈接你回家的路上是不是特别开心啊？"宏伟回头问儿子。"那是，可以听歌，喜欢什么说什么，还可以发一发牢骚。""有火气就发泄出来，这样就不影响心情啦，是不是？""对啊。"于是我们三个一路唱着歌，特别是听着宏伟的跑调歌，都开心地笑了。

说实话，我和宏伟坚持每天接孩子，更多的是为了可以随时感受儿子的喜怒哀乐，调解儿子的情绪。在我们的心中，他永远是个孩子，随时需要父母的情感支撑。我们永远会是孩子的倾听者，永远是儿子坚强的后盾。理解、支持孩子。这是对孩子最好的爱。

13. 与儿子的较量

2014年4月14日。

送儿子上课的路上，我们谈及心态的问题，儿子说："现在我心情总是不够平静，有些烦躁。""心情平不平静，不是看发生了什么事，而是看你的心态怎么样。你想，其实所有的事情，都像围城一样……"儿子居然接了下来："是啊，里边的人想出来，外面的人想进去，道理就是这样的。""所以我们很多事情要视若平常，这样心情自然就处于常态化了。有些时候就是人的欲望太多，想得到的太多，所以才很痛苦，心情才会有波澜。"儿子认真地看了我一眼："是啊，就是想法太多了。""比如你想玩电脑，结果没玩上，你就很闹心；玩上了，你就很快乐。道理就是这样，你说是不是啊？""真的是这样，但人又不能没有欲望啊。""当然，有想法才能有追求，但什么时候就应该有什么样的想法，不要在错误时冲动任性。"儿子若有所思地点了点头。我家的教育往往都是在这样的讨论、思考中进行的。

"你看我们班的丁同学，他天天玩游戏，成绩还那样好。真难以想象。"儿子说这话的时候似乎带着质疑，当然也有一定的羡慕。"儿子，你觉得他的成绩会长久吗？初中可以，高中就不一定行啦。""那可不一定。"宏伟适时地说了一句。"儿子，自控力也是情商的一种体现，他不能自控，说明他的自制力不够，当有太多的诱惑时，他就很难抵制了。""那样的话，我们班的那些同学，他们的未来就有很多不可测的地方。""为什么？怎么谈得这么深奥啊？""我觉得一个人不但要有高智商，还应该有高情商，才能有很大的成就。""一个成功的人的确应该是这样的，而你就有这种优势。你的智商足够高，情商也足够高，所以你一定行的。"儿子听完没再说什么，但我觉得他在思考。

和儿子的谈话，得让他接受，还得让他理解，这就是一种话语间的较量啊！

14. 儿子的惊人之语

2014年4月14日。

昨天晚饭的时候，家里做了一条鱼。宏伟在吃鱼的时候，把鱼的最好一部分肉给了儿子。以前这部分肉都是儿子先给儿子的奶奶，然后奶奶再给儿子一些，反正这部分肉一定是他们两个的。

儿子居然感慨地说："不知道这块肉我还能吃几年啊？""啊？"他的一句话，让我大吃一惊，"什么意思？"儿子意味深长地说："十几年后，这块肉不是给我儿子吃就是给我媳妇吃啊！"看着假装一脸沧桑的儿子，我们都笑了。"那我呢？臭小子，有了媳妇忘了娘。"儿子不好意思地笑了。"儿子，知道疼人是对的。爱别人，别人才会爱你。你能惦记别人，说明你一定会幸福。人的幸福就是这样的感觉，相互疼爱，相互惦记，你幸福，爸爸妈妈就幸福了！"

说实话，儿子的想法很单纯，在这个家里，他感受到的永远都是谦让和幸福，所以他骨子里是会疼人的。

儿子的惊人之语让我感觉到了他的内心充满了善良，这是我一直以来的追求，也是我认为的成人成才的一个底线。在家庭中，我们要让爱与善良一直传递下去。

暖心帖

有时候，成为孩子挑战的对手才是对孩子成长最大的尊重，教育除了引领，还有挑战。

15. 学习其实真的很累

2014年4月16日。

昨天晚上，儿子躺在床上的时候，我发现他很是疲惫。"妈妈，你说现在我要是在小学或者是大学该有多好啊？""怎么突然发出这样的感慨啊？""那样的话，我想做什么就做什么啊？""其实你现在也可以。你知道吗，你已经把学习的根基打得很牢了，我们现在什么都不怕了，你愿意做什么都可以。""不，妈妈，功课还是得学的。""是不是特别累啊，儿子？""确实很累。""实在不行咱们就请假。""没事，我还挺得住，如果哪天觉得挺不住的时候，我再请假。"

听着儿子的话，我真的很感动。学习确实是很累的一件事，但儿子还是凭着自己的斗志在坚持。我亲了儿子两口："那就早点睡吧。"

看到儿子一翻身就睡着了，我心里很疼，但能有什么办法呢？学习真的是很累的事，这样懂事的孩子都学得这么累，看来做教育的我真的应该思考一些问题了。

16. 自主选择

2014年4月21日。

已经有好多个周末没有一家人出去娱乐了，连我都想出去放松一下。

我对儿子说："咱们一起去看电影吧。"儿子的脸上居然多了一些不太情愿。"你是不是作业太多，怕处理不完啊？你提高一下效率，挤出时间我们就可以做很多事啦。""只是写作业的话，我很快就能做完，可我还打算处理一下错题、复习一下英语。这段时间我没安排看电影或者唱歌，除了《变形金刚4》可以考虑去看一下，其他的就不行了。""你的意思是今天没时间看电影，对吗？妈妈一直觉得你太累，想领你去放松一下，如果你自己有安排，我们按照你的意思去做。""中考前太忙，我周末自己安排吧。""妈妈理解，你自己决定。"最后的结果就是不去了。

今天早上，我送儿子上学时问了一句话："人家都说，孩子大了，父母就领不出去了，你说你是不想和我们出去呢，还是有自己的规划？""当然是有自己的规划啦，我很愿意和你们出去。""真的吗？你爸爸也这么说，说儿子喜欢和我们出去，只是要按照自己的计划学习。看来妈妈的担心是多余的啦。""那当然啦，我还是喜欢和你们出去。"看着儿子的样子，孩子不管多大都是个孩子，这句话一点都不假。

儿子有自己的主见，有自己的想法，这是我很愿意看到的。人总得学着长大，他一直在长大。

17. 生命之重

2014年4月22日。

对孩子的教育犹如给孩子鲜活的生命，教育之责任是生命之重任。

我和儿子有着很多共同的东西，可似乎离儿子又很远。儿子听的歌，有些我们是不懂的，儿子的话语也让我不太明白，最近儿子最爱说的就是"这不科学"，我觉得这个词用得太多了，可他说这就是时尚，我都过时了。

他总想让我更时尚一些，一次次地培训我，告诉我什么是"腐女"，告诉我现在的孩子喜欢的是什么，比如"BL""GL""BG"等等。我不知道他的这些说法都来自哪里，但我知道，他能告诉我，说明我还可以让他认可，是一个值得交流的对象。如果我完全不知道现在的孩子喜欢聊的话题，不了解他们的内心世界，那将会多么可怕。

把孩子的教育视如生命。

事实上，真正教育一个孩子，是需要付出很多努力和辛苦的，而且是一生的付出。你需要了解他、理解他、看重他，还需要用全部的身心去爱他。一些孩子在情感上很麻木，但我们可以用爱唤醒他们。而如果我们不去做的话，那些孩子就会依然冷漠，没有对父母的爱，没有对家庭的爱，没有对社会的爱，更没有对祖国的爱。这全是他们的错吗？我们为他们深入地做过这方面的教育吗？可能有，但大多流于形式。

把所有需要教育的孩子看作自己的孩子，看作自己的生命，教育就会很有意义。爱是生命中必须承担之重。我们爱每一个孩子，并去传递这份爱，我们的孩子就会学会爱。他们就是希望的种子，他们就是生命的种子！尊重每一个生命，尊重每一颗种子！

18. 儿子也有耍赖的时候

2014年4月22日。

这段时间的考试太多了。前两天朝阳区考试刚刚过去，昨天就又考试了。儿子做事特别用心，相应地也会特别的累，所以这两天有点耍赖了。我们完全依他的要求，他想几点就几点回来，因为他只是想睡觉，以此调整而已。

区考儿子考了583分，年级第20名，不太理想，物理、化学、政治、历史居然每科都扣了2分，算是答得不太好。我怕他状态受影响，不过还好，他自己总能有所调整。

昨天考完试，儿子有点感冒，又觉得累。晚上八点四十我接他出来后，儿子说："妈妈，我现在只有一个想法，就是九点半前一定要睡觉，太缺觉了。"听着儿子的要求，我真的觉得自己做教育做得有点失败，睡觉对儿子来说都是件很奢侈的事情，这是不是不应该呢？"要不，咱们这几天别上晚自习了，行不？""不行，妈妈，那很影响效率。"

听着儿子坚决的回答，我难以应对。我常常和儿子讲要提高效率，谁知现在被他用来教育我了。

我会适时地让孩子放纵一下。但家长主导的放纵和孩子自己的放纵完全是两个概念，被允许的放纵有时反倒会成为他的约束，成为养成自律能力的一个机会。因为孩子已经是少年了，得到小小的特权会觉得不好意思而自我约束。反之，孩子自己过于放纵、随心所欲，作为家长的就应该及时制止了。

任何事情都会有两面性，我们一定努力让事情向好的方向发展。我碰到过很多事情，都是这样的，处理好了，就有利于教育，处理不好就适得其反。教育是一个辩证的过程，冷静思考，就会让教育达到最佳效果。

昨天是儿子的一个同学的生日，儿子送了他礼物，回来后告诉我："妈妈，他可高兴了，只有我记得他的生日。"儿子一直是个有情有义的孩子。他的礼物是我帮着准备的，这就是我展现给儿子的态度：同学过生日，只要是你在意的人，我们就可以送礼物，而且妈妈还可以帮忙准备。这种做法会让孩子觉得家里很温暖，妈妈很理解他，他会很在意家人，更在意妈妈。

暖心帖
生活中的合理放纵与理解应该是对孩子尊重的最高境界了！

19. 儿子的弱点

2014年5月27日。

儿子从小就听话，这不完全是好事，他做事有时候就不懂得变通，未免有些死心眼。

儿子周末去剪头发，理发店一直给他剪头发的小伙走了，他上周去的时候见那人不在就没剪，因为觉得店老板剪得不好。这次儿子发现小伙离职不回来了，就给我打电话："还剪吗？那个人走了，而且现在顾客很多，还需要等，不知道会等多久。""那也得等，因为你头发需要剪了。"

等到晚上我回来，儿子看上去不太高兴。

"怎么啦？""我在店里足足等了两个小时啊，晚上自己的计划全都泡汤了。"儿子满脸的沮丧。"其实也没什么，妈妈看看是不是变帅啦。""你看还行吗？""挺好的，我儿子多帅啊！""真的还行吗？""傻儿子，这点自信都没有？妈妈会骗你吗？其实，就当你放空了两个小时不是挺好嘛。这段时间你多累啊，就当休息了，如果是在家里，你怎么舍得这么长时间休息啊！人总需要有这样自我调整的时间，这不也挺好吗？""可我想做的事情有好多没做。""没关系，我们两个不是常说，时间就像海绵里的水，是挤出来的。""那倒也是。""你不应该生气，儿子。以后还会遇到这样的事，在社会上的人不是都为我们一个人服务的，我们不能总和自己生气。只要生活在一个环境中，无论是人文环境，还是自然环境，它每时每刻都会发生变化，你要学会变通，学会接受。从好的角度看事情，心情就不一样了。"

我一直有一条原则，睡觉前、吃饭时一定让孩子开开心心的，我不希望让心情影响孩子的身体健康。

儿子解开了心结，又露出了那特有的顽皮。"妈妈，那我睡觉啦，要不睡晚了，明天会困的。""那好吧,晚安,宝贝。""晚安,妈妈。"

说实话,儿子的这个毛病我已改造多次,看来还得加油啊!

20. "华丽转身"

2014 年 6 月 13 日。

昨天去接儿子的时候,我发现儿子的情绪不是很高,一直在抱怨英语老师。可能是老师的教学方式让人疲惫吧,都到这个时期了还每天留两套题。

我只能告诉儿子:不行的话,就可以舍弃掉一些。

"你可有很长时间没有管我啦,其实我早就开始放弃了,只是今天才彻底放下,以前放不下而已!"听着儿子的话,我发觉自己前段时间确实迷失了,学生的离校让我似乎大脑空白了一段。

儿子现在的每次考试都有些不太如意的地方。"总是有些不是很正常的题,中考是不会出现这些状况的。"儿子一直这么说服我,588 分左右,这个常态于他于我都不太满意。但听着儿子的话,我觉得他对自己很了解。他能告诉我,每科每个错题是怎么错的,要和我回家一起研究正确的解答方法。看来儿子的心态还是不错的。

还有两周的时间,我决定抛去迷茫,认真地陪着儿子。

今天早上,我"华丽转身"了。

早上起来,陪儿子看了世界杯的后半部分,然后送儿子上学,似乎找回了感觉。日子总是要回归到原来的轨道。

"妈妈会陪你这 15 天,早上送你上学,晚上接你放学,妈妈可以不说话,不会惹你烦,如果需要妈妈说,妈妈再说。""那倒不用。"儿子笑了。

和儿子聊了一会他喜欢的话题,说起巴西队的黄头发小帅哥内马尔两球逆转,谈一谈点球擦手而进的力度。听着儿子大谈特谈足球,我很高兴他用体育运动充实自己的生活,真有男孩子的活力啊!

因为我的回归,儿子很开心。看到了儿子的样子,我真的很知足了。妈妈会全力支持你,加油,妈妈的大宝贝儿子!

21. 心有多大,路有多远

2014 年 6 月 13 日。

在儿子的心情调整工作上,我发挥了很大的作用。晚上接儿子回来,和他聊了一路，儿子终于开心地笑了，又发挥出了他诙谐幽默的风格，我知道他心情彻底好了。

"儿子，你彻底没事啦？妈妈这就放心啦。"

"你说，妈妈的作用是不是很大？""当然啦，我和爸爸坐车，基本都是我在说，爸爸基本不说，可我和你坐车，一直是你在说，我在听，所以就想开啦。不过，其实我早就想开了。"

我经常和儿子谈一个话题，人应该放开心扉，不要太执拗，太一根筋。哪怕是老师再啰嗦，再让你心烦，你也应该泰然对待。老师怎么做都应该有她的道理。你根据自己的需要去变通处理就行了。

以后你会遇到太多你想不到的、比这些大太多的事情，去包容这一切，然后你会发现，什么都不会对你产生太大的负面影响，你最终会以积极的心态处理好所有的事。否则每天被这些事所烦，就什么都做不了。

儿子总觉得自己是选择困难症，其实不是这样的。我告诉他，选择无所谓对错，只要你努力去做了，不留遗憾，就是正确的选择。

因为儿子一直想做出属于自己的事业，所以此刻他很用心地在听我的教导。每个人都是这样：心有多大，路就会有多远！加油儿子！我们还有一起奋斗的两个星期！

22. 中考倒计时 10 天

2014 年 6 月 17 日。

离中考越近，我就越觉得紧张，似乎比儿子紧张很多，毕竟这是儿子第一次大考，也是我第一次作为家长站在考场门外，等着儿子答卷。我都不敢想象我到时会是什么样子。

多少次在考场外，面对焦急等待孩子高考的家长，我安慰他们，告诉他们孩子没问题。那是因为我是老师，我心里有数。可不知道为什么，每天看到儿子紧张不起来，我自己反而更紧张。

我是看在眼中，急在心里。

"怎么样？现在状态还好吗？还会遇到不会的题吗？"

"还好，偶尔有偏、难、怪的题，不过大家都不会，当然中考也不会出的。"

"你好像很困，要不今晚少看点球，早点睡？"

"没事，还坚持得了。今天还有体育课呢，我得先把衣服套里边，到时候再脱。你说会不会热呢？"

"应该不会。不过，脱下去的时候别把衣服弄丢了。"

"不会的，衣服和鞋放一起。"

看着儿子还在琢磨他的衣服、他的足球，我心里有一点点的担心。

儿子在中考倒计时10天时，心思还全在足球上，不是看球，就是踢球。我以前总觉得儿子应该有一个竞技性强一点的爱好，可现在看来是福还是祸呢？

23. 心好乱

2014年6月26日。

对这几天的事，我想到了一个最好的词来概括，那就是陪伴。

从出高考成绩开始我就一直坐在班里将近四天的时间，与准备报志愿的学生及其家长交流。这是对我的学生的最后一程陪伴吧！我希望我的学生无论考成什么样，都能有一个好的出路，这才是最重要的。陪伴，祝福！

好多天都没空理儿子，突然发现只有几天就中考了，我有点蒙了，怎么会忽略了孩子？这不是我的风格啊！于是从周一开始，我们三个每晚一起学习。这样连学三天后，儿子感慨地说："好长时间没这样高效地学习了。"我内心一阵难过，真的忽略儿子太久了，尤其还是在中考前。但我相信儿子，他一定会取得好成绩的！陪伴儿子，他踏实，我自己也踏实。儿子，爸爸妈妈永远陪伴你，支持你，爱你！

加油！

24. 王晨宇同学初中毕业了

2014年6月26日。

这周一，儿子参加了毕业典礼，周二照了毕业照，又在玩了三年的大操场进行了一次告别球赛。

昨天我参加了学校的告别活动，看着屏幕上回放着这届学生三年的点滴生活，听着《相亲相爱一家人》，我的心里、鼻子里都酸酸的，感觉我还什么都没来得及做，儿子就毕业了！从那样一个小屁孩，一下子变成了将近一米八的小伙子，时间都去哪儿了？我想说，对于流逝的时间，我们内心只剩下感谢：时间让儿子长大了，成熟了！儿子初中毕业了！想想大学前的十二年的学习生活，只剩下三年了！此时，我只想祝福儿子，当然，我更想说：珍惜吧！

"妈妈，我毕业了。我再也回不到这个班啦？！"这是儿子在放学后，和几个孩子打扫完教室，又和同学们待了好一阵子之后，离开教室那一刻和我说的一句话。

"妈妈，我拥抱了所有没报吉大高中的同学，那些哥们儿。"听着儿子的话，我心里说不出什么滋味。这可能就是青春和成长吧？当然，是不是也可以诠释为痛并幸福着？

祝福儿子！

25. 考前小记

2014年6月26日。

儿子本来在屋里学习，过了一会儿，儿子走过来，发现我在打电话，爸爸在看书，没吱声，闷闷地走了。

"儿子干什么啦？""转了一圈就出去了。"

说实话，儿子很少有这样的时候。我马上过去问儿子怎么了。原来是有题找不到了。说实话，他有些慌乱。

"是什么题？""物理老师最后留下的几道题，应该是丢了。""没关系，妈妈给姚妈妈打电话，让她拍下来发过来，不就行了吗？"儿子笑了。"你总说妈妈落伍，看来，妈妈真的跟上时代了，否则真的太落后了。"我用调侃的语气和儿子说着话。儿子的脸上还不是往常的样子。"实在看不下去书，就下楼和爸爸踢会儿球吧，行不？""也行，回来就洗澡睡觉。"儿子和宏伟下楼去踢球了。

儿子现在的状态是想学，但觉得没什么可学的，不学吧，又觉得心里不太踏实，总之很矛盾，又无所适从。我能想象，这是儿子一生当中第一次大型考试，无论对他，还是对我，都是很重要的一次考验。这是儿子的一笔人生财富，也是人生的一次历练。人生有这样的经历，才会更加精彩！

我想，一会儿他们回来，每个人内心就都没有什么压力了，创造轻松的氛围，努力拼搏，加油！预祝儿子取得好成绩！

26. 昨夜无眠

2014年6月27日。

总以为家长好当，忽然发现这是个时常心里忐忑的角色。

下雨了！儿子刚刚躺下不久，外面下起雨来。感受着窗外习习冷风，我的睡意全无。儿子屋里的窗户开着，儿子会不会着凉？可进屋关窗户，又怕把儿子吵醒，不关，又怕他感冒。我一直纠结着。

我到门外倾听，偶尔能听到小小的鼾声。我听了一会，连翻身的动静都没有，应该睡得很熟。

我走了几个来回。12点多了，感觉窗外越来越凉，可我还是没敢进屋。

不知什么时候，我听到了脚步声。公公婆婆起床了。6：15，闹钟响了，我推开房门，把儿子叫醒。

睡得好吗？儿子说，昨晚冻醒了。不过睡得很好！

心终于放下了！感觉做家长好难！

27. 疲劳中的幸福

2014年6月27日。

中考第一天终于考完了。

儿子走出考场，脸上露出了笑容，我的心总算是放下了。

回来的路上，我开着车，感觉浑身有说不出的疲劳。想一想，我这一天其实什么都没做，而自己却累得不得了。

原来，是自己对孩子的那份投入所致。因为自己一直在想着儿子的考试，特别担心哪里出现一点不协调的因素打扰了孩子。一直担心他晚上睡不好，担心他起晚了，担心他路上堵车迟到，怕儿子午饭吃不饱，又怕吃多了影响答题，怕他午睡睡过了头，怕他做试卷遇到不会的题，又怕他题全会做反而马虎。总之，一天心总是这样悬着，当放下来的时候，你才知道有多累！

俗话说："养儿方知父母恩。"好多年来，我一直在感恩着父母，但我没有这样认真深刻地体会过。我想，当我再一次为我的孩子们讲这句话的时候，我会有更多的切身体会去告诉他们：爱自己的父母，他们是世界上最伟大的人！

我也想对天下的父母说：爱我们的孩子，让这份爱传递下去！爱是相互的！付出我们的真心，一定会收获幸福！

28. 中考小记

2014年6月27日。

带着好多人的祝福，我们在7：35顺利到达考场。无论是交警，还是家长，都能从他们身上感受到关心与祝福。

好几个老师在场。人高马大的儿子拥抱着瘦弱的柏老师，汲取着温暖与踏实。刘老师给每名学生一块巧克力糖，据说叫一炮打响。儿子告别众老师，从容走进考场。

我内心和大家一起为儿子祝福：加油！

29. 半程已过

2014年6月28日。

终于把最让人担心的一科考完了。

数学题是比想象的难，但比平时要简单。数学是我最担心的一科。因为儿子平时在数学上或多或少都会出点问题。今天听儿子的反馈似乎答得还不错，和预期应该不会有太大的偏差。

儿子的心态一直不错，吃完自助，又看了南湖，小憩一会，继续战斗！

30. 告一段落

2014年6月29日。

终于结束了！

考场外每个人的脸上都是轻松和喜悦，当然还有更多的不舍。学生们都撒着欢争着和老师们照相。他们更多的是胜利的喜悦，而老师们眼中都是晶莹的泪水，那是一份发自内心的祝福和不舍。

看到这一幕，我的眼睛也湿润了，三年的时光在人生中是一段不短的日子。师生相处的日子有着酸甜苦辣，那是人生最美好的回忆！

感谢老师们伴随孩子们成长，成熟，成才！

31. 尘埃落定

2014年7月9日。

儿子成绩出来啦！590分！属于平稳发挥，有点小马虎！祝贺儿子！人生告一段落，我们将继续战斗！加油！

32. 忧人之忧，人亦忧其忧；乐人之乐，人亦乐其乐

2014年7月14日。

当你站在别人的角度去思考时，你会发现很多新的感触。人与人之间的关系也会更融洽。

对朋友、对同事如此，对自己的孩子更应该这样！

很多人可能会做到前两者，但对自己的孩子可能就没有做过这种深度的思考！主要是没把他们当作成年人，平等地对待。

我为儿子整理了三天书籍试卷，内心一直是五味杂陈。我只是整理就花了三天时间，得花了多少工夫读完、写完啊！伴随着书籍、卷子高度的增加，我内心的敬佩之情油然而生，还有一份无奈和同情。

这只是儿子生活中的三分之一，他的杂志，他的钢琴，他的英语，他的奥数，还要占三分之二。

一个人怎么能学这么多内容？好在儿子学习效率高，否则儿子根本没有玩的时间。

看到这么多的书，想想儿子的付出，书山真的有路吗？可学海真的无涯啊！

忧儿子之忧，儿子自然会考虑你的感受，因为他知道你为他考虑了；乐儿子之乐，全家享受的就是天伦之乐！这才是生活的高质量、高境界！

心疼儿子，爱惜儿子，佩服儿子，理解儿子，支持儿子！

33. 男孩子需要成长

2014年7月14日。

昨天、今天早上，包括从世界杯的八强赛开始，他就自己定闹钟，主动起床品味足球的魅力。不再像以前需要我叫，让我陪伴。尽管看球很累很困，但他坚持不影响自己的正常生活。他现在完全掌握了自己的作息。

儿子成长了。不过，他的逆反心理也开始显现了。以前我替他做的事，现在都不让替了。可能是碍于脸面，觉得在同学面前应该成熟些吧？而且有些在意自己的穿着了！

在这个成长的关键时刻，作为父母，我们要努力引导孩子，让他们不仅要自立自律，还要懂得成长的意义。

34. 成长的记忆

2014年7月23日。

今天是一个很特殊的日子，儿子收到了自己的第二份一模一样的通知书，只是第一次是初中的。那时候，我们三人还是有喜悦的，因为儿子是免费上了大家公认的长春市最好的初中，但内心更多的是忐忑、迷茫和不安。因为很多人认为吉大的初中会让儿子吃很多的苦头，那里的老师每天都会留几十页卷子。事实确实如此，儿子三年的积累，堆成了一座真正意义上的"书山"，让我对儿子三年的初中生活产生了一种发自内心的感动。

而今天，当再次看到这张通知书的时候，我的感觉不知道为什么发生了比较大的变化。我感受到的是一种无形的压力，不知道帮儿子选择的这条路是不是正确。对于儿子来讲，这个学校的高中教育是否适合？这一切心里都没有底。但我知道，儿子会很努力，肯于付出。我也会成为儿子一直的解惑之人。

三年里，儿子付出了很多。一开始他在班里考四十多名，那是我这个做妈的没给孩子补课的结果。儿子拼搏，不服输，但他还在坚持着自己的想法：说什么也不补课。于是，三年里，儿子一直在努力地往前抢，自己预习，自己抢时间做题，终于变成在班级排前几名，名列年级前茅，最终被高中签约和认同。这个过程，只有我知道，我了解。

感谢这三年来的经历，让儿子成长了很多，这份记忆、这份努力，将是儿子一生的财富。

陪伴了儿子三年，我就更加珍惜高中的三年，这将是更加重要的三年！但我只想说，儿子这三年，我会做出更大的努力，准备迎接儿子人生最主要的转折期。儿子还没有经历过青春期的叛逆阶段，无论孩子多么优秀，总会有这样的一个过渡过程。儿子曾经告诉过我：如果正好是青春期遇到更年期，那我们互相忍一下，就不会出现矛盾了。

说实话，我没想过他会做这样的思考，我告诉儿子，我会的，我们一定会相处得特别好。我一直会是你最好的朋友，无论遇到什么事。

三年，很长，但在我的心里，我觉得太短了，因为这三年过后儿子就将有自己的大学生活。这三年，可能会发生太多的事。这三年，它可能会决定着儿子人生的高度。

我想让这三年的生活成为儿子人生中最幸福、最有收获、最快乐的成长记忆！

35. 心中闪过的那一抹失意

2014年8月11日。

那天中午给儿子送完饭，儿子吃完就和同学一起出去了。看着他离去的高大背影，我不禁想起儿子以前一直在我身边转来转去的样子。他会趴在我跟前，看着我说真花痴！因为我正在找钟汉良的照片做图片背景。他会在我耳边说："你听听我唱的歌，好不好听？"我惬意地听着儿子录的歌，感觉这就是幸福，这就是享受！

儿子长大了，他总得长大。他不再是粘在我身边的那个不太懂事的孩子，他不会再赖在我跟前撒娇。现在在处理一些事时，他虽然会征求我们意见，但有自己的主意和坚持。我知道，儿子是会尊重我的意见的，但他还是有了自己的固执。这可能就是所说的青春期的小叛逆吧。

失意是难免的，儿子长大了，亲子间总得有这样的一个过程，好在我和儿子都有清醒的认识。我想：只要我们认真去经营，生活应该还是幸福的！

不同时段应该体会不同时段的幸福！

暖心帖

不断经营，亲子关系才能如预期所想，否则会渐行渐远。

36. 关于教育

2014年5月27日。

刚刚在写关于课题的内容时，我查了一些资料，发现已经有太多的家庭教育专家了，可我看了很久，也不知道怎么能做到像专家所说的那样。是不是他们的理论就是他们研究的成果呢？是不是这些就可以让一个孩子成才呢？我是一个做教育的人，可我不懂他们说得如此美好的语言怎么去实施？我觉得大多数家长会比我茫然吧？这就是家庭教育给家长带来的指导性的意见和建议？我不太敢苟同。

找几个真正懂教育的人说说，也许教育还有机会。

我浏览了好些家庭教育的资料，忽然有一种悲哀的情绪。我是教语文的老师，但我在写教育孩子的日志的时候，从来不把一些东西加上夸张的修辞，也从来不把一些东西唯美化。因为我知道，孩子的教育不是一时的冲动，不是专家在理论上一分析，孩子就成熟了，就懂事了。孩子的教育是一项巨大的工程，也是一项漫长的工程，那是在不断反思中的纠正，在不断斗争中的成长，在不断探寻中的关爱，在不断成长中的理解；那不是一天，那是每天，那不是一年，那是每年，那更不是一时，那是一世，这才是真正的教育！家庭教育是认知，是责任，是理解，是付出，是宽容，是博爱，是境界！

有时候，我觉得教育的可悲就在于教育的脱节，指导教育的不懂教育，做学问的没时间读书，全都是在自己没时间钻研的领域中指挥着，即使有千军万马，又能如何？只能是越走越远！

第三章

听听儿子和父亲怎么说

成功的背后都会有及时和深度的反思。教育中更不能缺少反思。亲子都是在不断的反思中成长，家长成长，孩子才能成长。如果我们只是一味地做教育，不回头看，只能让教育在歧路上越走越远。而现在的不少父母，只顾低头走路，领着孩子匆匆补课，却忘了教育的初衷是什么。

（一）儿子的反思

初中三年是我人生中很重要的三年。我体验了学习上的高低起伏，感受了来自顶尖班级同学的压力，经历了从班级四十多名爬到年级前二十名的艰难困苦。与此同时，我也收获了那么多的好朋友，拥有了不骄不躁的心性，领略了足球的魅力并深深地爱上了这项运动。

那是今生难忘的三年。

当时，我们是存在所谓"小班"的机制的，即小学五年级过后直接到初一学习，单独组成一个班，这个班要学四年初中课程。小学奥数成绩还算不错的我当时与吉大附中签订了入学协议，却在暑假刚刚组完班级的时候因为种种原因停止了这项活动。于是我回到六年级，痛快地享受了一年小学生活——平时听听课，写写作业，课间出去疯玩，没事跟老师嬉皮笑脸，回家看电视或者在小区里玩到天黑。毕竟这是一个没有压力的学年。而事实是这一年的轻松生活为我初中的艰苦历程埋下了伏笔——我们那个班里可能只有我轻松地玩了一年。

上了初中之后所有人都是随机分班进行军训的。虽然我只在24班生活了短短一个月，但这个班级的同学和老师都给我留下了很深的印象，现在也依然有好几个人跟我保持着联系。军训回来的第一天，上课时，班主任叫住了正背着书包进教室的我，让我去六楼的某个教室报道。在六楼的35班教室，我听到了贯穿我未来三年的歌曲《相亲相爱一家人》，也看到了站在门口笑眯眯的、用大大的拥抱迎接我们的刘峰老师。看到了有些陌生有些熟悉的面孔——他们有些是开学的测试成绩突出被选进来的，也有些和我一样是之前小班的成员。

虽然这个班级是后来抽调的，但是35班和36班毫无疑问地成为了这个年级的旗帜班级。最好的生源、最好的老师铸就了最好的成绩。可以说，在这个班里的学生绝大多数都是小学时的佼佼者，这个班级的教师团队也是最顶级的。

我在开学之后就遇到了前所未有的困难。作为特殊的实验班，本来就有着课程进度超越其他班级的要求，而且其他班级的"科技课"也在我们这里悄悄变成了化学课。在这种无论是课业量还是课程难度设置上都超出正常水平的班级里，我很快就有了不适应的感觉。虽然我一直以来听课效率都足够高，课上也能基本消化吸收理解，但是我很快发现，想要完成班级的课后任务很困难。我眼睁睁地看着身边人快速地做着卷子，我却在一道道的题目里被逐渐拉开了进度。

1. 如何调整心态

入学之初排在班里四十几名的位置，让我感到很不舒服而又无能为力。直到有一天同学们无意中聊起他们提前学初中课的事情，我才恍然大悟——我玩了一年，人家提前学了一年啊。但是我坚信初中的这些知识不需要靠两遍以上的学习来提升，所以我就放平了心态，每天认真地听课，尽可能地完成作业。

在这里，有两点提醒送给各位初中的学弟学妹。

第一点是，不要盲目地模仿别人在课上不听课刷题的行为。每个人都有适合自己的学习方法，别人都在用的不一定好，找到自己效率最高的方式才是最重要的。比方说我本人在大量刷题的时候感觉自己的效率很低，仅仅做了题，收获却很小；而我在听课的时候能够抓住老师讲的很多东西，在课上就理解、消化、吸收，变成自己的东西。所以我一直就坚持着自己的听课习惯。更何况，你永远不知道你身边不听课的小伙伴已经在课外听了几遍了。

我们班当时就有一个学霸，据说是在课外上了四遍初中课了，我当她同桌时就眼睁睁地看着她上课写作业、睡觉、发呆，然后考试次次前三。对于这种人，你不能只看到她不听课且成绩很好这两个表象。要知道，几乎没有人能在不听课的前提下掌握所有内容的，那种天才甚至我们一辈子也见不到几个。凡是不听课成绩还好的，他们一定是在课下做了无数努力。而在我看来，初中的这些知识在学校认真听一遍就够了，如果说你真的觉得自己脑袋不灵光，最多是哪里不会时再针对性地补一补课，绝对没必要成天出去上课外班。有那个精力真的不如自己好好完成学校的任务。

第二点，永远不要妄自菲薄。绝大部分人，只要认真学，都是能考一个很不错的成绩的。有些人说："哎呀，我就是笨！怎么努力学也学不好！"我觉得这是不存在的。就初中的知识而言，学不好的只有不够努力和方法不对这两种问题。当然了，注意力难以长时间集中或许是天生的问题，但是我认为如果你对学习有足够的热情，是可以逐步纠正的。如果你以此为借口放弃了努力学习，那就是你自己的问题了。事实上,你身边的所谓好学生大多数都属于我说的提前上课外补习班的人,他不过是先学了而已。你应该牢记的是,等到课程全部学完的初三,才是真正回到同一起跑线的时刻。到时候比拼的就是基础知识的扎实程度和对课程内容的理解程度,谁赢谁输都还是未知数。

就这样,初一初二两年,我一直在班级中下游默默坚持着,虽然我在班里人缘不错,但是从未有人把我看成学霸。不仅是因为我并不突出的成绩,更是因为我一直也没有全身心投入到学习中。课间的时候我在走廊聊天,周末的时候我学羽毛球、乒乓球和钢琴,体育课、体活课节节不落地出去玩。其实当时心里的压力也只有自己知道,但我深知着急是没有用的。到了初二下学期的时候,我逐渐从班级前三十升到了班级前二十。当一轮复习开始的时候,我已经把成绩稳定在了班级前十五。要知道,当时年级前几十名几乎是被我们两个班包揽,所以实际上我已经稳定在了年级前五十名。

从倒数到顶层,我经历了将近两年的心理磨练。途中我也曾徘徊过、迷茫过,也曾经觉得自己是不是真的就是倒数的水平。但是,那时的我早已有了清华梦,我意识到想要考到中国最好的学府,这点磨砺或许根本算不上什么。而小学时的傲骨也是支撑着我学习下去的动力。因为我不服输,所以我知道我一定可以。

其实学习就是凭着这一口气,你不服气,才会有奋斗的动力。这也说明,有一个自己的目标和理想很重要,它将成为你的精神支柱。

2. 如何从学习上提升自己

从班级前二十进军前十是另一段艰难的旅程。在成绩长期无法提高之后,我开始尝试着分析自己学习的优势和劣势,这个习惯也让我高中的学习受益匪浅。强烈建议学弟学妹们都能尝试着经常自我思考反省,这个过程不需要很正式,也不需要很长时间,只是偶尔无聊的时候,脑海中一闪而过,你第一时间发现的问题一定是最致命的那个。然后就是记住它,解决它。当时我想,理化政史都是要求接近满分的,提升空间不大,我学得也还算可以。至于马虎的问题不是一两天能解决的,69分和70分其实差距不大。在我语文、英语一向强势的背景下,我很容易就找出关键在数学的压轴大题上。想明白了这一点之后,我进行了大胆的尝试——因为我从来上课都是认真听课的——我用数学课的时间偷偷地在下面做《中考压轴题》,作业也是选择性地抄一下,以此保证每天能做至少两道数学压轴题。

在近一个月的时间内,我在不影响其他科目成绩的情况下狂刷了80多道数学压轴题。而且每一道题都是自己独立思考,认真作答,然后认真分析答案,仔细批改才算完成。从最初的一个小时一道题到最后的 15 分钟一道，我的数学水平飞速增长。初中的压轴题既有难度又有计算量，还考验细心程度，所以这一个月做下来，连带着我做小题的能力都有了很大提升，于是我在初三下学期终于进入了班级前十名并稳定在十名左右。

这里不能断章取义地认为刷题比听课有效得多，因为这里要注意的是，我的提升计划安排在了最后复习的时期。这时候，不仅课程内容已经全部结束，就连数学压轴题的模型和技巧老师都已经在反复地讲了，此时老师讲解的内容里能让我有收获的部分已经不多了。特别提醒的是，这个时候已经是初三的最后一百天左右了，所有的复习都已经结束，剩下的全都是磨练准确程度的练习。在这个时候，如果自己某一块明显有漏洞，那么针对性的大量刷题显然要比练习其他部分的熟练程度要有意义得多，也要有效得多。

初三最后的几十天其实十分无聊，也十分难熬。因为中考就那么点东西，到了最后一个月的时候，学的全是重复的内容，简直恨不得明天就中考才好。但现在想来，当时的自己还是过于稚嫩，如果能在最后这段时间沉下心来练习准确度，可能我中考的分数还能更高一点。最后的浮躁也导致了我仅数学是 120 分满分，总分只有 590 分，在学校排名几乎是历史最差成绩。所以在此提醒所有即将中考的同学们，最后的这段时间你们要做的不是完成作业、没事闲聊，而是把所有发到手里的卷子认真做准，对于所有可以满分的卷子要苛责自己必须满分。只有这样的认真练习才能带来中考的稳定发挥。好在我高三时痛定思痛，高考发挥得很好，但我还是希望大家都能汲取我的这个教训，中考时也能避免这种情况的出现。

3. 如何让自己学着长大

除了学习之外，初中的三年还有很多值得回忆的事情。我一直觉得，学习生活不应该是书呆子式的埋头苦学，这样既让自己的生活变得很无趣，又会很容易对学习产生厌倦和疲惫感。前面也提到了，我在初一初二的周末依然出去学羽毛球、钢琴等。看上去是浪费时间，但实际上周末的适当放松可以让学习变得事半功倍。整天埋在书桌前是无法保证持久高效率的。

需要注意的是，这里提到的适当放松是不包括整天打游戏和玩手机的。当然，我也是一个戒不掉手机瘾的人。那么如何处理好与手机的关系呢？我的建议是和家长进行协定。在上学期间我的手机始终是处于关机状态放在书包最里面的。一方面来讲，上学期间手机开机很容易让初中的孩子溜号。这个年纪的学生，自控能力和抗诱惑能力比较差。如果连关机都控制不住自己的话，最好还是不要带手机上学。

另一方面，上学期间手机开机可能会影响老师教学。上课时听到手机的响动很容易打断讲课，影响自己也影响他人。如果老师比较耿直，直接采取了没收或者摔碎的处理方式，还会影响师生间的关系。至于回家之后，你要针对自己的实际情况来制定一个限制——我到底可以有多长时间花在手机上，30分钟、40分钟，还是一个小时？我当时是每天规定自己只能看30分钟的手机。情况因人而异，但我觉得超过一个小时的都是过量。毕竟晚上的时间起码要保证完成学校的任务并针对自己的学习情况进行相应的复习和巩固，如果一半时间都用在玩游戏上就很不明智了。

那么我的建议是什么呢？一是可以进行适当的体育运动，尤其是在现在体育成绩计入总成绩的大环境下，我觉得每天晚上回家后先进行30分钟到60分钟的慢跑是很好的习惯。慢跑这类有氧运动可以释放压力，舒缓紧张了一天的大脑，还能有效强化身体素质。而且在有氧运动后回家冲个澡，整个人都会很精神，可以避免犯困，有效地提升晚上学习的效率。到了适当的时间，身体由于疲惫开始犯困，这时睡觉能够很快入睡，让你拥有很高的睡眠质量，为第二天白天的学习做好准备。可谓是一举多得。二是可以躺在床上听音乐。听歌也可以让整个人放松下来，舒缓压力。在该学习时先听两首有节奏感让人很燃的歌曲，可以让自己兴奋起来，进而有效率地进行学习。

4. 如何让自己多角度、全方位发展

初中三年还让我对足球产生了极大的兴趣。我们班的班主任刘峰老师一直倡导我们运动，每天中午午休的时候都会带着我们全班去大操场体活。初一的我只会羽毛球和乒乓球，看着篮球又觉得太暴力（至今都这么觉得），所以就参与进了足球大军。最开始站在场上的我只知道碰到球就踢给队友，对于规则、技术、战术都完全没有概念。后来我逐渐意识到，这样下去只能是给我的队伍拖后腿，于是我开始在周末看足球比赛，上网找足球教学视频，每天晚上对着家里小区的墙练习。疯狂地练习了两个月后，我开始成为班里足球队的主力成员，也在那个巴萨梦三队的大背景下爱上了巴萨、梅西、足球。后来的寒假，为了适应球场上的跑动，我特意在寒假练了整整一个月跑步，把自己从一个球状的小胖练成了健康的微胖人士，也为我高中成为校队10号打下了坚实的基础。对一项运动的热爱，可以让你得到许多志同道合的好朋友，也可以让你更加热爱生活。但作为学生，平时运动一定要做好热身、一定要做好热身、一定要做好热身，重要的事情说三遍。我的左膝和两个脚踝至今还有伤，都是初中时运动的旧疾。拥有一个无伤病的身体比贪图一时痛快重要得多。

初中三年我还认识了很多关系很铁的好朋友。其中包括一起踢球的好兄弟、一起探索物理化学的脑洞小组、一起谈天聊八卦的异性好朋友。他们中绝大部分人依然跟我保持着很好的关系，也有很多人跟我一样考上了清华北大这样的名校。我觉得交友一定要慎重，但是交友慎重不意味着你只跟所谓的"好学生"做朋友，而是要跟没有不良习惯的人做朋友，跟积极向上的人做朋友。一个人如果跟有不良习惯的人做朋友，就很容易被带入歧途，走上吸烟、逃学、上网成瘾的道路，这是很可怕的。如果你的朋友每天给你传递的都是负能量，也就会很大程度的影响你的心情，进而影响你的学习效率和生活状态。有积极向上的朋友在身边，相互影响之下就能有很愉快的心情。

5. 父母是我最温暖的港湾

初中的学习成绩进步也离不开我父母的帮助。从小学时的尖子生一下子变成班级倒数，他们没有什么责备，反而是安慰我不要着急。每当我因为成绩迟迟提不上来而心烦意乱时，他们会劝我平稳心态，踏实学习，告诉我到了初三大家回到同一起跑线时，我就会实现反超。他们也尽全力给我营造一个轻松而愉快的家庭氛围，这对每天在学校忙于学习的孩子很重要，因为在学校的时候神经是高度紧张的，在家里时正需要轻松的氛围来缓解情绪，如果家长依然施加很大压力的话，孩子就难以疏解紧张的心情，久而久之就会产生厌学、焦虑等情绪。此外，他们在考试前后也从来不给我任何压力，从始至终都给我一种"考成什么样都没事"的心理暗示。在考场上拥有轻松的心态无疑是非常重要的。我们班有的同学甚至只要有退步，回家就会挨打。这样的情形下，考生在考场上是很难把注意力完全集中在题目本身的，也就很难发挥出真实水平。

事实上，每一个没考好的孩子心里都是很难受的，这种时候，他们最希望听到的就是家长发自内心的安慰，并且很希望家长能聆听自己对这次考试发挥的抱怨。这种时候，家长就应该成为孩子的依靠，而不是孩子眼中的行刑者。亲子之间友好的关系可以成为防治叛逆的良方。如果亲子之间难以沟通，我建议家长们主动去了解孩子的世界，真正了解了孩子在想什么，才能真正与孩子沟通，就像我妈妈一样。班里有学生看网络小说，妈妈也一口气看了好几本，妈妈从理解的角度引导了他们的行为，只有真正设身处地了解了，才能知道如何说话是有效的。

我的初中三年过得很充实，也很励志。一段努力向上的过程最终将会化为人生中最宝贵的财富，努力过了，就不后悔。充满智慧地努力，充满动力地前进，就一定会实现自己的梦想。与各位正在念初中的学弟学妹共勉。

(二) 父亲的反思

1. 有效陪伴

孩子的成长离不开家长的陪伴，那么作为家长，我们已经在幼儿期、小学阶段陪伴了孩子12年，现在还重新谈孩子的陪伴，这不是老生常谈吗？

其实，孩子在不同的生长时期，都有其自身的发展规律和身心发展特点，我们的陪伴在不同阶段也有不同的主导方向的。比如，在幼儿期，我们的陪伴第一是呵护，照顾他的基础生活需求。第二是启蒙，挖掘孩子的兴趣、爱好，并加以培养，陪孩子参与各种兴趣班。第三是生活习惯的培养，通过我们的不断引导，帮助孩子养成好的生活习惯。

在小学阶段，我们开始加强孩子情感、价值观等方面的培养，让他们学会爱祖国、爱社会，爱家人。让他们树立好的价值取向，树立正确的是非观念，懂得哪些事应该做，哪些事不应该做。

那么，孩子到了初中，家长陪伴的侧重点又应该向哪些方面倾斜呢？这得从孩子身心发展的特点说起。进入初中，孩子逐步增加了自主意识，有了自己的理想，开始学习用自己的价值取向来判断社会上的人或物，不再人云亦云。比如，在小学，哪个老师表扬他，他就会觉得那个老师特别好，而批评他的老师，他就认为不好。那么进入初中呢？他虽然仍然不喜欢被批评（实际上每个人都不愿意听到批评的话），但他已经产生一种认识：老师是为了我更好地发展才批评我的，我做的事确实是不正确的，我以后不能够再做相同的事了。这说明他已经有了自主的判断是非的能力。

正是基于以上的原因，我才提到，初中不再是一步不离的看护，再不是听话、乖巧就表扬，不听话就教育的那种陪伴了，而是一种伴随孩子成长的放手、引导和教育。

可能我们仍然要去接送孩子，但我们要创造机会，让孩子有机会独立地去上学、回家。让他用自己的判断去决定如何过马路，如何坐公交车，如何安排时间。

记得儿子小的时候，有一次爷爷送他去学习奥数课，我们把他送去就回家了，结果那天老师有事，奥数课取消了，孩子自己沿着马路走回了家。当他敲门回家的时候，爷爷吓了一跳，但随后就非常高兴："我大孙子可以自己回家了！"这种经历对当时的孩子是莫大的鼓励。那时候我的儿子在上小学四年级。其实那个时候的孩子已经能够自己做很多事了，但出于担心，我们做父母的全都包办了。孩子小的时候不会反抗，大人要求什么他就听什么。初中的孩子开始了反抗，他觉得过分的呵护会让同学看不起，所以我们的陪伴要逐渐放手，让他们利用自己的知识、能力去判断，去思考。

　　孩子从小到大，一直在长辈温柔的关怀中成长。可以说，在这些阶段，最大的功劳是妈妈或者祖辈的，他们给孩子更多的是女性的阴柔，而进入初中的孩子，特别是男孩子，更需要男性的阳刚。这时候，爸爸的陪伴在一定程度上弥补了孩子在小学阶段的"阴盛阳衰"。所以到了初中，妈妈的陪伴要少一点，而爸爸的陪伴要多一些。

　　一般情况下，爸爸的性格比较粗犷，说话更加直接、强硬，办事更利落，不太关注小节，不太计较小的得失。爸爸的很多做法都是孩子的榜样和示范。爸爸更多的陪伴能够让孩子学习到如何以一个男子汉的身份去处理事情。比如孩子和同学有矛盾时，当孩子想购买一件物品时，当遇到病痛时，当遇到成绩不如意时，作为爸爸，肯定不能细腻地去和孩子谈太多的话，相应地会让孩子直接找同学谈，甚至吵一架，直接购买物品，像男子汉一样坚强地对待病痛，对成绩和过去的事不太在意，多关心现在和未来，咬紧牙关克服困难。这些事情的处理都是在爸爸的陪伴下完成的。如果爸爸仅从妈妈那里听说关于孩子的一些事，在那样的环境下，采取的方式可能过于和缓，不利于孩子的教育和培养。

　　在孩子上幼儿园和小学期间，孩子的智力、力量、体力、耐力都很欠缺，作为爸爸，可能更多地感觉到和孩子玩不到一块，经常陪孩子几分钟就让孩子自己去玩，或者找妈妈、爷爷奶奶去玩，自己没有耐心。但到了初中阶段，孩子的肌肉、骨骼快速增长，孩子的体力、耐力，还有智力都有了长足的进步，这时候作为爸爸，在与孩子玩的过程中不再呈现"你陪他玩"的特点，开始更多地呈现出"咱们一起玩"的特点。比如玩CS，在小学的时候，还需要你假装找不到他，假装打不到他，故意让他打到你。可现在，我们的CS战，经常会出现一不留神就让他战胜的场面。其实还有像篮球、足球、羽毛球等球类项目，特别是孩子经过相对专业的训练以后，可以轻松打败爸爸。那个时候，孩子的成就感非常强烈，心目中强大不可战胜的爸爸被他打败了，他的情绪会因此非常高涨，这个时候我们的一些教育就可以非常容易地被孩子所接受。

　　我的儿子初中学习羽毛球，经过20次课的训练，羽毛球打得有模有样，基本动作也比较规范，相比较我这个半路出家的羽毛球爱好者，他的高远球、扣杀、吊球经常让我反应不及。在感叹孩子进步飞快的同时，我也收获着满满的喜悦。

儿子在初中的时候就考完了钢琴十级，基本可以做到自弹自唱，每当他自弹自唱，或不断纠正着爸爸、妈妈唱歌时的走音、节拍不准、呼吸不对时，宛如一个专业的音乐老师，而我们确实在这方面是一个小学生，还是一个挺笨的小学生。这种角色的互换，也让儿子感到十年枯燥的钢琴没有白学。

爸爸的兴趣爱好也可以影响孩子。一般来说，妈妈喜欢看韩剧、综艺类节目，而爸爸喜欢体育、新闻类节目。通过爸爸的陪伴，孩子的兴趣点就可以从综艺类节目转向新闻、体育，时不时地和爸爸讨论一下中国、世界的热点事件，以及足球明星。当儿子和我为一个事件或喜欢的足球明星争的面红耳赤、互不让步时，妈妈经常要来劝架，做和事佬。但这种争吵对孩子的思辨能力、坚持自己的主见是有帮助的，孩子不但不会疏远你，反而会更多的搜集资料来支持自己的观点。我儿子是梅西的球迷，关于足球的每个球队、每个球员都如数家珍，对梅西的球技佩服得五体投地。任何诋毁梅西的言论都会遭到他的激烈反驳，我们经常在放学回家的车上进行争论，以至于他一度不喜欢他妈妈去接他。

所有这些，爸爸做起来自然轻松，但妈妈却很难做到。所以，在初中阶段，爸爸更多地深入到孩子的平常生活当中，更多地陪伴孩子，能带给孩子更多在青春期初期应有的教育，千万别等到孩子已经出现严重的逆反心理或幼稚表现的时候才去补救。

2. 挫折教育

进入初中，孩子开始有了自我的判断能力和思想，这个时候，"好孩子是夸出来的"这个论断就要开始进行加工了。在孩子小的时候，真诚的夸奖可以提升孩子的愉悦度，在愉悦的心情下，孩子做事情会更好。但到了初中，孩子接触到的事情会更加复杂，难度也会大幅度增加，而孩子不可能把所有的事情都处理得尽善尽美，如果孩子仍然保留着小时候的心态：凡事我都是最棒的，只能得第一，不能得第二，那无疑是对孩子有害的。这个年龄段的孩子应该认识到每个人都有其优长之处，每个人都值得尊重和学习，而自己也不可能每件事都能做好。

让孩子接受在某一方面自己确实不如别人，而同时又不丧失斗志，对于自己内心的想做好的事保留强大的进取之心，这就需要爸爸进行挫折教育。为什么爸爸进行挫折教育要更好呢？孩子对妈妈往往都是依赖的，愿意撒娇。一旦孩子受到挫折，在妈妈面前往往表现出哭闹或情绪反常，但在爸爸面前往往表现得更加冷静。

  记得有一次，儿子和我下围棋，其实我们两个都是只懂得基本规则的选手，在下棋的过程中，儿子的棋子不断地被我围住，拔掉，可以看出儿子的脸上没有了笑容，眼睛发红，强忍着泪水。好不容易下完了棋，结果可想而知，儿子大溃败。儿子一声不吭地去别的屋了，我把棋子收好，两个人谁也没有说话。过了一个多小时，儿子的情绪才逐渐地恢复过来。这个时候我才把儿子叫到身边，问他："你知道你为什么失败吗？"儿子委屈地说："你是大人，我也没学过棋。""这就对了。"我对儿子说，"这两个原因是目前你输给我的原因。而这两个原因是现阶段你没法改变的，所以你输了很正常呀。""对于任何事，我们都可以输，但我们不能输不起，失败了我们就要反思，什么原因导致我的失败，我可以采取哪些措施来提高自己，当然有些事不是我们极力追求的，只是娱乐，输就输了呗！"说完这些话，儿子脸上的表情明显放松了很多，我接着说："但是你在自己追求的事情上，要争取胜利，如果失败了，我们好好反思，是不是我们做得不够好，以后要加倍努力，一定要争取胜利。"

  这种教育是有效的，在初中阶段，儿子不断地受到挫折，但他从来也没有丧失信心，一如既往地努力学习。在初一阶段，儿子的成绩在班级是四十多名，对于小学成绩一直在前列的儿子来说是一个比较大的考验。但我们和他一起分析：是什么原因导致的呢？原因是班级里大部分孩子在小学的时候就开始在外面学习初中课程了，而我们从来没学过。至于其他方面，比如努力、学习方法等方面我们做得并不差。通过分析，我们认识到，只要按自己的学习进度和方法去学习，等到了复习的时候，我们和其他同学就应该相差不多了，而且我们应该还有优势。在之后的每次考试里，我们都这样鼓励着孩子，而孩子也一直努力地提高课堂效率，坚持认真听课，成绩也逐步地提高，等到了初二的时候，可以排在班级二十多名的位置。而到了初三，好的时候可以考入班级的前十名。到了初三的下学期，儿子稳定在前十名。老师看到了孩子的潜力，鼓励他冲击状元，高中也提前录取了他。虽然他最后并没有考到状元，但这三年的进步有目共睹。在这三年里，可以说有两年半的时间他都是在考试的挫折中度过的，但挫折并没有使他丢掉信心，每次他都在怀疑自己是否也需要补课，但最终他相信只要听好课，一切都没问题，愈挫愈勇。

  其实，很多时候，我们要教育孩子勇于承认我们不如别人，比如，我们体力不如有些孩子好，我们的作文不如别人写得好。这是因为我们在体育锻炼中不如别人运动的时间长，我们平时阅读和积累不如别人多等因素决定的。但那又怎么样呢？如果我们要体力好，那我们就要多运动；如果我们要作文写得好，就得多读书，更要多积累。所以，当别人取得成绩的时候，我们要祝贺，当自己要超过别人的时候，我们就要付出比别人更多的努力才行。

　　敢于尝试、不怕失败，这是我们希望孩子身上具有的优良品质，而这些品质的培养，更多的责任在爸爸身上。让我们更好地承担起爸爸的职责，在初中阶段里更多地陪伴孩子，跟他一起品尝失败的痛苦，分享胜利的喜悦，培养一个阳光、身心健康、自信的孩子！

幸福语录 / 经常和儿子讲的 20 句话

教育是一个耳濡目染的过程、是一项工程、是一项事业,需要慢慢沉淀,慢慢调适。让孩子在潜移默化中受到教育,成就孩子的成长。

1. 加油,宝贝!
2. 说说看,我们一起去玩点啥呢?
3. 妈妈永远支持你!
4. 妈妈一直爱你!
5. 你一定行的!
6. 妈妈知道你很累、很难过!妈妈很心疼你!
7. 有问题就直接去面对,总会有办法的。
8. 越早失败,成功的机会就越大!
9. 人生几十年,很短,总得珍惜!
10. 没有解决不了的事,天塌下来还有大个儿顶着!
11. 你一定会生活得很幸福!
12. 发挥自己最好的水平就够了,不用在乎太多!
13. 有事和妈妈说,我们一起商量着来!
14. 人活着的每一天,好与不好只有自己知道!
15. 学习是优秀习惯加上优秀品质!
16. 成绩是个附属品,精彩的人生是更主要的。
17. 养儿方知父母恩,等你养儿已经晚了,要早点懂得感恩。
18. 好习惯决定好人生!
19. 站位有多高,人生就有多远!
20. 优秀的品质会让你与众不同。

幸福后记

　　一个优秀孩子的成长来自于家庭、学校和社会的共同努力。我们很难改变社会和学校，能改变的是我们自己。

　　可能我们会抱怨工作中的不如意，也可能会抱怨命运的不公平，但我想说，这些抱怨会让你身边的人高兴吗？当然，有些家长会说，我也需要倾诉啊。是的，你可以在外面和朋友相互倾诉，但绝不能把这些带到家里来，无论是对孩子，还是对家人，我们应该负起责任。

　　每个人都会有自己人生得意和不得意的时候。在得意的时候，我们应该学会与亲人分享，让他们知道你做的事情是有意义的，你带给大家的是正能量。当你失意的时候，你也可以分享，但告诉孩子们的应该是事情的两个方面，教给孩子的是一种对人生的思考方式、一种好的逻辑思维方式，是一生受用的东西。

　　我们常说，心情不好会影响身体健康，不仅是自己的，甚至影响全家人的健康。如果我们每天都从积极的角度看问题，快乐地生活，家人就会健康而幸福！

　　初中是孩子人生中一个关键的过渡阶段。这段时间，如果他形成了自己的好习惯与好品质，孩子的人生注定是辉煌的。但如果我们在孩子上初中的时候对其缺少了关爱，让孩子在过分的自由中成长，孩子可能就会长出很多个触角，伸向不同的方向。我们想把它们收回来的时候，就需要我们付出很大的代价。

　　每一位父母都想让自己的孩子变得优秀。望子成龙、望女成凤，这是无数家长心中的梦想，只是在很多时候，忽略了一些教育，缺少了一些关怀，最后只能落得遗憾与懊恼。

　　当你看到这本书的时候，相信我的信念：任何时候开始，都可以让教育产生不一样的结果，都会给你带来一份惊喜！

　　走过初中，看到那么多家长的期待，我对新的征程也就责无旁贷了。

　　接下来，我要带着大家一路走过高中，期待每个孩子都有机会走出自己更好的人生！